Willkommen im
Gemüsegarten

Oliver Brachat
Tobias Rauschenberger

Willkommen im Gemüsegarten

Rezepte quer durchs Beet

Hölker Verlag

Inhalt

Liebe Leserinnen und Leser,

was gibt es Schöneres, als über den Wochenmarkt zu schlendern? Die Farben, der Duft, der Lauf der Jahreszeiten, der sich in den bunten Ständen widerspiegelt … Jedes Mal bin ich aufs Neue begeistert von der Vielfalt. Ich kann es kaum erwarten, dass im Sommer die ersten sonnengereiften Auberginen angeboten werden, im Herbst die Saison saftiger Kürbisse beginnt, im Winter die vom knackigen Kohl und dass es im Frühling für wenige Wochen allerorts frisch geernteten Spargel zu kaufen gibt.

Schon als Kind habe ich frische Zutaten aus dem eigenen Garten geliebt. Gerne erinnere ich mich, wie meine Mutter jedes Jahr neues Saatgut bestellt hat, um erst ganz kleine Setzlinge zu ziehen und dann unsere Gemüsebeete zu bepflanzen. Fleiß, viel Sonne und reichlich Wasser waren die Voraussetzungen dafür, Monate später eigenes Gemüse ernten zu können. Wie wunderbar, mit den selbst gezogenen Tomaten köstliche Salate und aromatische Saucen zuzubereiten!

Diese Begeisterung für frisches Gemüse möchten wir, Oliver Brachat und ich, gerne mit Ihnen teilen. Wir möchten Ihnen Mut machen, Gemüse die Hauptrolle spielen zu lassen und seine ganze kulinarische Vielfalt zu entdecken. Durch erlesene Gewürze und eine raffinierte Zubereitung können Sie mit Gemüse zu jeder Jahreszeit ein leckeres und gesundes Essen zaubern. Dafür liefert dieses Buch eine Fülle von Anregungen und Ideen. Die alphabetische Anordnung der Gemüsesorten wird Ihnen die Suche erleichtern, sodass Sie schnell das Passende für Ihren Bedarf finden. Wundern Sie sich nicht über die unterschiedlichen Angaben zu den Ofeneinstellungen: die zuerst genannte ist stets die empfohlene. Sollte Ihr Ofen keine Umluftfunktion haben, können Sie alle Gerichte auch mit Ober-/Unterhitze zubereiten.

Nehmen Sie sich die Zeit, greifen Sie sich Ihren Einkaufskorb und lassen Sie sich von der herrlichen Auswahl auf dem Markt verführen. Tauchen Sie ein in das riesige Angebot der Natur, bringen Sie Gemüse auf den Tisch! Wir wünschen Ihnen viel Spaß in der Küche und guten Appetit!

Tobias Rauschenberger & Oliver Brachat

Auberginen

Vor allem im asiatischen Raum findet man die Aubergine in den verschiedensten Formen und Farben. Sie hat ihren Ursprung in Indien und benötigt viel Sonne und ein sehr warmes Klima. Frost verträgt sie gar nicht, daher empfiehlt sich hierzulande der Anbau im Gewächshaus. Die Frucht ist reif, wenn sie gleichmäßig gefärbt und glänzend ist.

Vor allem in zahlreichen mediterranen Gerichten wie Ratatouille und Moussaka ist die Aubergine ein beliebter Bestandteil. Außerdem eignet sie sich ideal zur Herstellung leckerer Dips oder zum Grillen. Beträufelt man das Fruchtfleisch mit Öl oder Zitronensäure, verhindert dies die bräunliche Verfärbung.

Gefüllte Auberginen mit Lammhack

4 kleine Auberginen
Salz, Pfeffer
5 EL Olivenöl
600 g Lammhackfleisch
1 Zwiebel
1 Knoblauchzehe
2 TL Kreuzkümmel
½ TL Zimt
2 TL scharfes Paprikapulver
5 Stängel Thymian
3 Tomaten
1 Bund Petersilie
200 ml Gemüsebrühe

AUSSERDEM:
Bräter

Ergibt 4 Portionen
Zubereitung: ca. 45 Minuten
Backzeit: 30–40 Minuten

Die Auberginen putzen, halbieren und das Fruchtfleisch mit einem Löffel herauslösen. Dabei nicht den Boden durchstoßen. Die Auberginen mit einem Messer auf der Unterseite gerade schneiden, sodass sie im Bräter nicht zur Seite kippen. Kräftig mit Salz und Pfeffer würzen. Das Fruchtfleisch klein hacken. 3 Esslöffel Olivenöl in einer Pfanne erhitzen und das Hackfleisch krümelig braten. Mit Salz und Pfeffer würzen und in eine Schüssel geben. Zwiebel und Knoblauch schälen, würfeln und mit dem restlichen Olivenöl in derselben Pfanne 3 Minuten anschwitzen. Danach zum Fleisch geben.

Den Backofen auf 160°C Umluft (Ober-/Unterhitze 180°C) vorheizen. Die Hackmischung mit Kreuzkümmel, Zimt und Paprikapulver abschmecken. Den Thymian abbrausen, trocken tupfen, die Blättchen von den Stängeln zupfen. Die Tomaten waschen, von Strunk und Kerngehäuse befreien und in kleine Würfel schneiden. Die Petersilie ebenso abbrausen, trocken tupfen und klein schneiden. Alles gut mit der Hackfleischmasse vermengen.

Das Innere der Auberginen mit einem Küchenpapier abtupfen, die Hackmischung einfüllen und die gefüllten Auberginen in den Bräter geben. Die Gemüsebrühe angießen und für 30–40 Minuten im Ofen schmoren. Herausnehmen und heiß servieren.

Auberginenchips

Die Auberginen waschen und den Strunk sowie das Ende abschneiden. Mit einem scharfen Messer oder einer Aufschnittmaschine in 2–3 mm dünne Scheiben schneiden. Diese kräftig mit Salz würzen und in ein Sieb geben; so können die Auberginenscheiben gut abtropfen. Für 1 Stunde stehen lassen.

Anschließend gut mit Küchenpapier abtupfen. Das Mehl auf einen Teller geben und die Auberginenscheiben darin wenden, überschüssiges Mehl wieder entfernen. Das Sonnenblumenöl in einer Pfanne erhitzen und die Chips bei 170–175°C knusprig backen. Herausnehmen und auf Küchenpapier entfetten. Mit Fleur de Sel würzen.

Tipp: Wer es orientalisch mag, kann auch etwas Kreuzkümmel und Chilisalz verwenden.

2 Auberginen
Salz
100 g Mehl
300 ml Sonnenblumenöl
Fleur de Sel

Ergibt 4 Portionen
Zubereitung: ca. 1 Stunde

Blumenkohl

Blumenkohl gibt es in verschiedenen Sorten und Farben – die bekannteste Art hat weiße Röschen. Es gibt ihn aber auch in Violett, Gelb und Grün (Romanesco). Die Pflanze nimmt im Beet viel Raum ein, daher sollte man genügend Platz zwischen den einzelnen Setzlingen lassen.

Blumenkohl hat im Frühsommer und Spätherbst Saison und schmeckt frisch verarbeitet am besten. Sind die Röschen fest und duftend, ist der Blumenkohl reif. Meist wird er als Beilage gereicht, eignet sich aber auch als vegetarisches Hauptgericht, für Suppen oder Gratins. Blumenkohl enthält viel Vitamin C und ist sehr ballaststoffreich. Im Kühlschrank gelagert, ist er zwei bis vier Tage haltbar.

Blumenkohlpüree mit Arganöl

Blumenkohl waschen und grob zerteilen. In einem großen Topf mit Salzwasser in 10 Minuten weich kochen. Herausnehmen, mit der Butter sehr fein pürieren und mit Muskatblüte, Chiliflocken, Kreuzkümmel, Salz und Pfeffer abschmecken.

Das Püree lauwarm mit frischem Weißbrot und etwas Arganöl beträufelt servieren.

Tipp: Dazu passt gegrillte Hähnchenbrust.

1 Blumenkohl (ca. 600 g)
Salz
150 g Butter
1 Msp. Muskatblüte
½ TL Chiliflocken
1½ TL Kreuzkümmel
Pfeffer

AUSSERDEM:
1 türkisches Weißbrot
1 kleine Flasche Arganöl

Ergibt 4 Portionen
Zubereitung: ca. 20 Minuten

Blumenkohltempura mit Sardellenmayonnaise

FÜR DIE TEMPURA:
1 Blumenkohl (ca. 600 g)
1 l Sonnenblumenöl
1 Eiweiß
¼ TL Backpulver
60 g Mehl
50 g Speisestärke
1 TL Salz
1 TL Kurkuma
150 ml eiskaltes Wasser
1 EL Sesam

FÜR DIE MAYONNAISE:
2 Eigelb
1 TL Senf
1 Prise Salz
200 ml Olivenöl
5 Sardellen
1 EL Kapern
2 EL Kapernwasser
Pfeffer
2 EL Zitronensaft

Ergibt 4 Portionen
Zubereitung: ca. 1 Stunde

Für die Tempura den Blumenkohl in kleine Röschen teilen. Kurz unter kaltem Wasser abspülen und etwas abtropfen lassen.

Für die Sardellenmayonnaise Eigelbe mit Senf und Salz verrühren. Nun langsam in einem dünnen Strahl das Olivenöl zufügen und dabei mit einem Handrührgerät ständig rühren, bis die Mayonnaise dickcremig ist. Sardellen und Kapern fein hacken und zusammen mit dem Kapernwasser zugeben. Zum Schluss die Mayonnaise mit etwas Pfeffer und dem Zitronensaft abschmecken.

Das Sonnenblumenöl in einem Topf auf 175 °C erhitzen. Das Eiweiß in einer Schüssel leicht anschlagen. In einer anderen Schüssel Backpulver mit Mehl, Stärke, Salz und Kurkuma mischen. Das Wasser zum Eiweiß geben, die Mehl-Mischung zufügen und alles kurz miteinander verrühren. Sofort die Blumenkohlröschen durch den Tempurateig ziehen und im Öl knusprig und goldbraun frittieren. Mit Sesam bestreuen und zusammen mit der Mayonnaise servieren.

Bohnen

Bohnen lassen sich je nach Wuchs in Busch- und Stangenbohnen unterteilen. Während Buschbohnen niedrig wachsen, sind Stangenbohnen die kletternde Variante. Die Hülsenfrucht gibt es in unzähligen Formen und Farben: Weiße oder grüne Bohnen, Kidneybohnen, Prinzess- und Brechbohnen sind nur einige der zahlreichen Sorten.

Das vielseitige Gemüse eignet sich für Suppen, als Beilage oder für leckere Salate. Es sollte binnen kurzer Zeit verarbeitet werden, da es schnell welkt. Frische Bohnen lassen sich an der festen Hülse erkennen, die beim Biegen bricht. Die Bohne enthält neben wichtigen Nährstoffen vor allem Eiweiß. Wegen des giftigen Stoffes Phasin, der beim Kochvorgang zerstört wird, ist sie nur gegart zum Verzehr geeignet.

Ossobuco mit grünen Bohnen

1 Knoblauchzehe
8 Kalbsbeinscheiben (à 250–300 g)
Salz, Pfeffer
100 g Mehl
5 EL Olivenöl
4 Zwiebeln
200 ml Weißwein
500 ml Kalbsfond
500 g grüne Bohnen
1 kleines Bund Thymian

AUSSERDEM:
Bräter

Ergibt 4 Portionen
Zubereitung: ca. 45 Minuten
Schmorzeit: 1¾ Stunden

Den Backofen auf 190 °C Ober-/Unterhitze (Umluft 170 °C) vorheizen. Die Knoblauchzehe schälen und halbieren; die Kalbsbeinscheiben damit auf beiden Seiten einreiben. Mit Salz und Pfeffer würzen und mit Mehl bestäuben. In einer großen Pfanne das Olivenöl erhitzen, das Fleisch darin von beiden Seiten je 2 Minuten anbraten. Anschließend in einen Bräter geben, die Pfanne mit dem Bratensatz beiseitestellen.

Die Zwiebeln schälen, halbieren und grob in Scheiben schneiden. In die Pfanne zum Bratensatz geben und für 5 Minuten anschwitzen. Die Zwiebeln mit Weißwein ablöschen und diesen um die Hälfte reduzieren lassen.

Mit Kalbsfond aufgießen und zum Fleisch in den Bräter geben. Zugedeckt für 1 Stunde im Ofen schmoren. Inzwischen die Bohnen putzen und in Stücke schneiden. Den Thymian abbrausen, trocken tupfen, die Blättchen abzupfen und zusammen mit den Bohnen in den Bräter geben. Für weitere 45 Minuten zugedeckt schmoren. In den letzten 15 Minuten den Deckel abnehmen.

Tipp: Wer es gern sämiger mag, kann die Beinscheiben entnehmen und die Sauce mit etwas Stärke abbinden. Als Beilage schmeckt Polenta besonders gut.

Kotelett mit Bohnensalat und Senfvinaigrette

Für den Salat die Bohnen putzen und in reichlich kochendem Salzwasser in ca. 5–8 Minuten bissfest kochen. Durch ein Sieb abgießen und mit kaltem Wasser abschrecken. Für die Vinaigrette die Schalotten schälen und in feine Würfel scheiden. Zusammen mit dem Senf, etwas Salz, Pfeffer und Zucker sowie dem Rotweinessig, dem Olivenöl und der Gemüsebrühe in eine Schüssel geben und verrühren. Bohnen in mundgerechte Stücke schneiden und zugeben. Das Bohnenkraut abbrausen, trocken tupfen, von den Stängeln zupfen, grob hacken und zufügen. Dann alles vermengen.

Für das Fleisch den Backofen auf 180°C Umluft (Ober-/Unterhitze 200°C) vorheizen. Die Koteletts mit Salz und Pfeffer würzen. Mehl und Paniermehl jeweils auf einen Teller geben. Eier verquirlen und ebenfalls auf einen Teller geben. Die Koteletts zuerst im Mehl wenden und gut abklopfen. Dann durchs Ei ziehen und abtropfen lassen. Zum Schluss im Paniermehl wenden und dieses leicht andrücken. In einer großen Pfanne das Öl erhitzen. Die Koteletts von beiden Seiten bei mittlerer Temperatur ca. 2–3 Minuten braten. Dann die Butter zugeben, schmelzen lassen und die Pfanne für ca. 8 Minuten in den Ofen geben. Im Ofen das Fleisch nochmals wenden, dann herausnehmen und mit dem Bohnensalat servieren.

FÜR DEN SALAT:
- 600 g Buschbohnen
- Salz
- 2 Schalotten
- 2 TL mittelscharfer Senf
- Pfeffer, Zucker
- 6 EL Rotweinessig
- 4 EL Olivenöl
- 50 ml Gemüsebrühe
- 1 kleines Bund Bohnenkraut

FÜR DAS FLEISCH:
- 4 Schweinekoteletts (à 200 g)
- Salz, Pfeffer
- 100 g Mehl
- 200 g Paniermehl
- 2 Eier
- 150 ml Sonnenblumenöl
- 1 EL Butter

Ergibt 4 Portionen
Zubereitung: ca. 1 Stunde
Bratzeit: 10 Minuten

Brokkoli

Der Brokkoli, auch Bröckel- oder Spargelkohl genannt, stammt ursprünglich aus Kleinasien und wird in Europa überwiegend in Italien und Frankreich angebaut. Wie bei seinem Verwandten, dem Blumenkohl, werden beim Brokkoli hauptsächlich die Blüten verzehrt. Aber auch die Stängel sind genießbar. Beim Anbau sollte man darauf achten, den Brokkoli regelmäßig zu wässern und zu düngen. Die Ernte erfolgt im Sommer, bevor die Knospen aufgeblüht sind.

Frischen Brokkoli erkennt man an der kräftigen grünen Farbe und den noch geschlossenen Blüten. Bei der Zubereitung empfiehlt es sich, den Brokkoli in kleine Röschen zu zerteilen. Dies reduziert die Kochzeit und hilft somit, seine zahlreichen Vitamine zu erhalten. Besonders gut schmeckt er zu Fisch und Fleisch.

Tortilla mit Brokkolicreme und Räucherlachs

300 g Brokkoli (ca. ½ Kopf)
Salz
100 g Crème fraîche
¼ TL Cayennepfeffer
1 Packung Tortillas
3 Tomaten
2 Römersalatherzen
200 g Räucherlachs
1 TL rosa Pfeffer

Brokkoli vom Strunk befreien, putzen und die Röschen in reichlich Salzwasser in 10 Minuten weich kochen. Herausnehmen und in kaltem Wasser abschrecken. Zusammen mit Crème fraîche, Cayennepfeffer und etwas Salz fein pürieren.

Die Tortillas in einer heißen Pfanne von beiden Seiten kurz Farbe nehmen lassen. Die Tomaten waschen, vom Strunk befreien und in Scheiben schneiden. Den Römersalat putzen, die Blätter in mundgerechte Stücke zupfen. Jeweils 1–2 Esslöffel Brokkolicreme auf den Tortillas verstreichen, Tomaten sowie Salat darauf verteilen und mit Räucherlachs belegen.

Den rosa Pfeffer mit einem Messer fein hacken und darüberstreuen. Die Tortillas zusammenrollen und genießen.

Ergibt 4 Portionen
Zubereitung: ca. 30 Minuten

Brokkolicouscous mit Teriyaki-Hähnchenspießen

4 Hähnchenbrüste (à 180–200 g)
10 EL Teriyakisauce
500 g Brokkoli
5 EL Olivenöl
Salz, Pfeffer
250 g Couscous
1 TL Raz el Hanout
400 ml Gemüsebrühe
1 Chilischote
60 g Pinienkerne
2 TL Honig

AUSSERDEM:
8 Holzspieße

Die Hähnchenbrüste kalt abbrausen und mit Küchenpapier trocken tupfen. Mit einem Messer längs in Streifen schneiden. In eine Schüssel geben und mit der Teriyakisauce vermengen. Abgedeckt 1–2 Stunden im Kühlschrank marinieren lassen.

Brokkoli vom Strunk befreien, kurz abbrausen und abtropfen lassen. Mit einem Messer die Röschen fein hacken und mit 2 Esslöffeln Olivenöl in einer Pfanne für 8–10 Minuten kräftig anbraten. Der Brokkoli sollte dabei etwas Farbe bekommen; so entwickelt er tolle Röstaromen. Mit Salz und Pfeffer würzen.

Couscous in eine Schüssel geben, mit Raz el Hanout würzen und vermischen. Gemüsebrühe aufkochen und über den Couscous gießen. 5 Minuten ziehen lassen und dann mit einer Gabel etwas auflockern. Chilischote putzen und fein würfeln. Pinienkerne in einer Pfanne anrösten. Zusammen mit dem Brokkoli und den Chiliwürfeln zum Couscous geben und alles vorsichtig mischen.

Das restliche Olivenöl in einer Pfanne erhitzen. Hähnchenbruststreifen aus der Schüssel nehmen und wellenförmig auf die Spieße stecken. Von beiden Seiten je 3 Minuten braten. Übrige Teriyakisauce und Honig zugeben und das Fleisch damit karamellisieren. Couscous auf Teller verteilen und die Spieße anlegen.

Ergibt 4 Portionen
Zubereitung: ca. 40 Minuten
Marinierzeit: 1–2 Stunden

Brokkoli-Filoteig-Tarte

500 g Brokkoli
Salz
100 g Crème fraîche
1 Zwiebel
1 EL Olivenöl
4 Eier
Pfeffer, Cayennepfeffer
100 g Butter
6 Blätter Filoteig
2 EL Semmelbrösel
200 g Feta

AUSSERDEM:
Tarteform (Ø 20 cm)

Für 1 Tarteform (Ø 20 cm)
Zubereitung: ca. 50 Minuten
Backzeit: 30 Minuten

Brokkoliröschen vom Strunk schneiden. Kurz unter kaltem Wasser abbrausen und in Salzwasser 10 Minuten weich kochen. In ein Sieb abgießen und mit kaltem Wasser abschrecken. Zusammen mit der Crème fraîche fein mixen und in eine Schüssel geben. Die Zwiebel schälen, halbieren und in Würfel schneiden. Mit dem Olivenöl in einer Pfanne 3 Minuten glasig anschwitzen, abkühlen lassen und zur Brokkolimischung geben. Die Eier aufschlagen und ebenfalls zugeben. Alles mit Salz, Pfeffer und Cayennepfeffer kräftig würzen und verrühren.

Den Backofen auf 170°C Umluft (Ober-/Unterhitze 190°C) vorheizen. Die Butter in einem kleinen Topf schmelzen. Die Tarteform mit den Filoteigblättern etwas versetzt auslegen, sodass auch der Rand bedeckt ist. Dabei jedes Blatt mit reichlich Butter bepinseln. Mit den Semmelbröseln den Boden bestreuen und darauf die Brokkolimischung geben. Nun den Feta zerbröseln und auf der Masse verteilen. Die oberen Teigränder überschlagen und mit der restlichen Butter bepinseln. Im vorgeheizten Ofen für 30 Minuten backen. Herausnehmen, etwas abkühlen lassen und servieren.

Champignons

Champignons sind ganzjährig erhältliche Pilze, die in Frankreich bereits seit dem 17. Jahrhundert bekannt sind. Es gibt sowohl weiße als auch braune Champignons, wobei die braunen kräftiger im Geschmack sind. Ein Zeichen für Frische sind die geschlossenen Lamellen.

Champignons sind sehr empfindlich und sollten daher vorsichtig behandelt werden. Direkte Sonneneinstrahlung sowie zu feuchte oder zu warme Lagerung und Zugluft sollte man vermeiden. Roh sind Champignons eine ideale Zutat für Salate. Gekocht passen sie besonders gut zu hellem Fleisch, Nudeln oder Reis. Außerdem sind sie eine perfekte Grundlage für verschiedene Saucen.

Champignonsuppe mit Wildklößchen

FÜR DIE SUPPE:
500 g braune Champignons
2 Schalotten
1 Knoblauchzehe
2 EL Butter
900 ml Geflügelfond
300 ml Sahne
50 ml Cognac
Salz, Pfeffer
3 Frühlingszwiebeln

FÜR DIE KLÖSSCHEN:
300 g Wildschweinhackfleisch
100 g Schweinenacken
1 Brötchen vom Vortag
100 ml lauwarme Milch
1 kleine Zwiebel
1 EL Butter
1 Ei
½ TL Wildgewürz
Salz, Pfeffer
4 EL Olivenöl

Ergibt 4 Portionen
Zubereitung: ca. 40 Minuten
Kochzeit: ca. 20 Minuten

Für die Suppe die Pilze putzen, 4 kleine Champignons in Scheiben schneiden und beiseitestellen. Schalotten und Knoblauch schälen und fein würfeln. Butter in einem großen Topf erhitzen und darin die Champignons im Ganzen für 5 Minuten anschwitzen. Schalotten und Knoblauch zufügen und kurz mit anbraten. Mit Geflügelfond und Sahne auffüllen. Alles für 20 Minuten leicht köcheln lassen. Cognac zugeben und die Suppe mit Salz und Pfeffer würzen. Mit einem Pürierstab fein mixen; nach Belieben durch ein Sieb streichen.

Für die Klößchen das Wildschweinhack zusammen mit dem Schweinenacken durch die feine Scheibe des Fleischwolfes drehen. Brötchen in Würfel schneiden und in der Milch einweichen. Zwiebel schälen, fein würfeln und in einer Pfanne mit der Butter glasig schwitzen. Alle vorbereiteten Zutaten in eine Schüssel geben, mit dem Ei vermischen und mit Wildgewürz, Salz und Pfeffer würzen. Nun mit feuchten Händen kleine Bällchen formen und diese in einer heißen Pfanne mit 3 Esslöffeln Olivenöl rundherum anbraten. Die Klößchen herausnehmen und die Pfanne beiseitestellen.

Die Frühlingszwiebeln putzen und klein schneiden. Zusammen mit den Champignonscheiben im restlichen Olivenöl kurz anbraten. Dann alles auf Schälchen verteilen und diese mit der Suppe auffüllen.

Gefüllte Riesenchampignons

15 Riesenchampignons
4 Tomaten
Salz
2 Zwiebeln
1 Knoblauchzehe
2 EL Olivenöl
180 g Wacholderschinken
1 kleines Bund Petersilie
60 g Parmesan
200 ml Gemüsebrühe

AUSSERDEM:
Bräter

Ergibt 4 Portionen
Zubereitung: ca. 40 Minuten
Backzeit: 30 Minuten

Die Riesenchampignons putzen und die Stiele entfernen. Die Tomaten waschen, auf der Unterseite leicht über Kreuz einritzen und mit einem kleinen Messer die Strünke herausschneiden. Für 15–20 Sekunden in kochendem Salzwasser blanchieren, herausnehmen und in Eiswasser abschrecken. Die Haut abziehen, Tomaten vierteln, das Kerngehäuse entfernen und in Würfel schneiden.

Zwiebeln und Knoblauch schälen und fein würfeln. 3 Champignons in kleine Würfel schneiden und mit dem Olivenöl in einer Pfanne 2 Minuten scharf anbraten. Zwiebel- und Knoblauchwürfel zufügen und kurz mitbraten. Anschließend in eine Schüssel geben. Den Schinken klein schneiden; die Petersilie abbrausen, trocken tupfen, die Blättchen abzupfen und hacken. Zusammen mit den Tomaten zur Champignonmischung geben.

Den Backofen auf 170°C Umluft (Ober-/Unterhitze 190°C) vorheizen. Die Mischung in die restlichen 12 Riesenchampignons füllen und etwas andrücken. Den Parmesan fein reiben und über den Champignons verteilen. Diese in einen Bräter setzen und die Gemüsebrühe angießen. Für 30 Minuten im Ofen schmoren.

Erbsen

Bereits vor 4.000 Jahren wurde die Erbse in China angebaut und gehört damit zu den ältesten Nutzpflanzen der Welt. Heute wird die beliebte Hülsenfrucht weltweit kultiviert. Es gibt zahlreiche Sorten; bei uns am bekanntesten sind Pal- oder Schalerbsen, Markerbsen und Zuckererbsen. Von Juni bis Ende September haben die Hülsenfrüchte Saison. Die Pflanzen mögen nicht allzu viel Feuchtigkeit und benötigen eine Kletterhilfe. Neben dem Anbau im Beet lassen sich Erbsen auch in Töpfen ziehen.

Erbsen sind frisch, tiefgefroren, getrocknet oder als Konserve erhältlich – am besten schmecken sie jedoch frisch aus dem Garten. Die eiweiß- und vitaminreichen Hülsenfrüchte eignen sich hervorragend für ein Püree, Eintöpfe oder als Gemüsebeilage. Durch etwas Zucker im Kochwasser oder Abschrecken in Eiswasser kann man ihre leuchtende Farbe erhalten.

Erbsensuppe mit Speckschaum

FÜR DIE SUPPE:
1 Zwiebel
2 EL Olivenöl
500 g Erbsen, gepalt
100 ml Noilly Prat
800 ml Geflügelfond
200 ml Sahne
Salz, Pfeffer, frisch geriebene Muskatnuss

FÜR DEN SPECKSCHAUM:
1 Schalotte
2 EL Olivenöl
60 g durchwachsener Speck
100 ml Milch
100 ml Sahne
Salz, Pfeffer

AUSSERDEM:
8 Scheiben Speck
Backpapier

Ergibt 4 Portionen
Zubereitung: ca. 30 Minuten
Kochzeit: ca. 15 Minuten
Backzeit: 12 Minuten

Für die Suppe die Zwiebel schälen, halbieren und in feine Würfel schneiden. Das Olivenöl in einem Topf erhitzen und die Zwiebelwürfel darin glasig dünsten. Die Erbsen zugeben und für 5 Minuten anschwitzen. Mit Noilly Prat ablöschen und fast vollständig reduzieren lassen. Geflügelfond angießen und 10 Minuten leicht köcheln lassen. Dann die Sahne zufügen, alles mit einem Pürierstab fein mixen und die Suppe mit Salz, Pfeffer und Muskat würzen.

Den Backofen auf 180°C Umluft (Ober-/Unterhitze 200°C) vorheizen. Die Speckscheiben auf ein Backblech mit Backpapier geben. Im Ofen in ca. 10–12 Minuten knusprig backen. Für den Speckschaum die Schalotte schälen und würfeln. Das Olivenöl in einem kleinen Topf erhitzen. Speck ebenfalls in Würfel schneiden und im Olivenöl auslassen. Schalottenwürfel zugeben und kurz anschwitzen. Mit Milch und Sahne ablöschen und 5 Minuten leicht köcheln lassen. Durch ein Sieb gießen und mit etwas Salz und Pfeffer abschmecken.

Die Erbsensuppe in tiefen Tellern anrichten. Specksauce mit einem Milchschäumer oder einem Pürierstab aufmixen. Etwas Schaum auf die Suppe geben und mit den krossen Speckscheiben aus dem Ofen servieren.

Erbsenpasta mit Parmaschinken

Zwiebel und Knoblauch schälen, halbieren und fein würfeln. Parmaschinken grob in Stücke zupfen. Olivenöl und Butter in einem Topf erhitzen und die vorbereiteten Zutaten darin 5 Minuten anschwitzen. Mit Noilly Prat ablöschen und fast vollständig einkochen. Sahne sowie Erbsen zugeben und für 5 Minuten leicht köcheln lassen.

Reichlich Salzwasser in einem Topf zum Kochen bringen. Penne al dente kochen und in ein Sieb abgießen. Dabei eine Schöpfkelle des Salzwassers auffangen und zur Nudelsauce geben. Nun sofort die heißen Penne mit der Sauce mischen. Schnittlauch abbrausen, trocken tupfen, in feine Röllchen schneiden und unterheben. Mit Pfeffer abschmecken.

1 Zwiebel
1 Knoblauchzehe
150 g Parmaschinken, in Scheiben geschnitten
2 EL Olivenöl
1 EL Butter
100 ml Noilly Prat
250 ml Sahne
250 g Erbsen, gepalt
Salz
500 g Penne
1 Bund Schnittlauch
Pfeffer

Ergibt 4 Portionen
Zubereitung: ca. 20 Minuten

Erbsencreme mit Röstbrot

1 Baguette
5 EL Olivenöl
300 g frische Erbsen, gepalt
Salz, Pfeffer
¼ TL Piment d'Espelette
2 EL saure Sahne
3 Stängel Minze

Den Backofen auf 160 °C Umluft (Ober-/Unterhitze 180 °C) vorheizen. Das Baguette in sehr dünne, schräge Scheiben schneiden. Mit Olivenöl beträufeln und für 10–12 Minuten im Ofen rösten. Herausnehmen und abkühlen lassen.

Die Erbsen 5 Minuten in Salzwasser blanchieren. Durch ein Sieb abgießen, in Eiswasser abschrecken und abtropfen lassen. Zusammen mit etwas Salz und Pfeffer, Piment d'Espelette, saurer Sahne und abgezupften, abgebrausten und trocken getupften Minzblättern fein mixen. Die Erbsencreme mit dem Röstbrot servieren.

Ergibt 4 Portionen
Zubereitung: ca. 20 Minuten
Backzeit: 12 Minuten

Fenchel

Fenchel, bekannt als Heilpflanze mit positivem Einfluss auf die Verdauung, gehört zur Familie der Doldenblütler. Er lässt sich in Gewürz- und Gemüsefenchel sowie in wilden Fenchel unterteilen. Während die wilde Sorte anspruchslos ist, braucht der Gemüsefenchel nährstoffreichen Boden und einen warmen, sonnigen Platz im Beet. Er wird zweijährig kultiviert.

Frischer Fenchel hat saftiges Blattgrün und eine feste weiße bis hellgrüne Knolle, die roh oder gegart genießbar ist. Sie schmeckt gut als Gemüsebeilage zu Fisch und macht schwere Fleischgerichte bekömmlicher. Fenchelsamen eignen sich hervorragend als Gewürz und finden auch in Fencheltee und -honig Verwendung. Im Kühlschrank gelagert, hält sich Fenchel mehrere Tage.

Fenchelsuppe mit Käsesandwich

1 EL Butter
1 Zwiebel
1 Knoblauchzehe
200 g mehligkochende Kartoffeln
150 ml Weißwein
850 ml Gemüsebrühe
600 g Fenchel
150 ml Crème fraîche
Etwas frisch geriebene Muskatnuss
Schwarzer Pfeffer
3 EL Pernod

AUSSERDEM:
150 g mittelalter Gouda
8 Scheiben sehr dünnes Knäckebrot

Ergibt 4 Portionen
Zubereitung: ca. 40 Minuten
Kochzeit: ca. 20 Minuten
Backzeit: 10 Minuten

Butter in einem großen Topf schmelzen. Zwiebel und Knoblauch schälen, in Würfel schneiden und 5 Minuten in der Butter anschwitzen. Kartoffeln schälen, würfeln und zugeben. Kurz anschwitzen und dann mit Weißwein ablöschen. Etwas reduzieren lassen und mit der Gemüsebrühe auffüllen.

Fenchel waschen, das Fenchelgrün beiseitelegen und den Fenchel halbieren. Strunk entfernen, Fenchel grob würfeln und zur Suppe geben. Die Suppe zugedeckt für 20 Minuten köcheln lassen.

Den Backofen auf 180 °C Ober-/Unterhitze (Umluft 160 °C) vorheizen. Den Gouda grob reiben und auf vier Knäckebrotscheiben verteilen. Die übrigen Scheiben obenauf legen und für 10 Minuten im Ofen backen. Ofen ausschalten und die Sandwiches warm halten.

Die Suppe mit Crème fraîche verfeinern, mit Muskat, Pfeffer und Pernod abschmecken. Mit dem Pürierstab fein mixen und je nach Wunsch durch ein Sieb passieren. Fenchelgrün grob hacken und die Fenchelsuppe damit garnieren. Die Sandwiches noch warm dazu servieren.

Fenchel-Orangen-Salat mit Putensteak

FÜR DEN SALAT:
4 Fenchelknollen
Fleur de Sel, Pfeffer
1 Zitrone
3 Orangen
2 EL Honig
4 EL Olivenöl

FÜR DIE STEAKS:
4 Putensteaks (à 160 g)
Salz, Pfeffer
2 TL Koriandersamen
2 EL Olivenöl

Ergibt 4 Portionen
Zubereitung: ca. 40 Minuten

Für den Salat die Fenchelknollen waschen, halbieren und die Strünke keilförmig entfernen. Fenchel auf einem Hobel oder mit dem Messer in hauchdünne Scheiben schneiden. In eine Schüssel geben und mit Fleur de Sel und Pfeffer würzen. Die Zitrone auspressen und den Saft zugeben. Gut vermischen und für 15 Minuten stehen lassen. 2 der Orangen filetieren; dazu mit einem Messer die Schale entfernen und die Filets vorsichtig herausschneiden. Den Saft des übrigen Fruchtfleisches sowie die restliche Orange in einen kleinen Topf auspressen. Aufkochen, um die Hälfte reduzieren und Honig zugeben.

Der Fenchel hat inzwischen Wasser gezogen, dieses durch ein Sieb abgießen. Den Fenchel wieder zurück in die Schüssel geben, mit dem Orangensud marinieren und mit Olivenöl verfeinern. Zuletzt die Orangenfilets unterheben.

Für die Steaks das Fleisch mit Salz und Pfeffer würzen. Koriandersamen grob hacken und die Steaks damit bestreuen. Eine Pfanne mit Olivenöl erhitzen und die Steaks von beiden Seiten je 3 Minuten braten, dabei mehrmals wenden. Den Salat auf Tellern verteilen und mit den Steaks servieren.

Gurken

Gurken gehören zur Familie der Kürbisse und sind sehr empfindlich. Sie vertragen keinen Frost und können daher frühestens Ende Mai nach Anzucht im Topf ins Freie gepflanzt werden. Am unkompliziertesten ist der Anbau im Gewächshaus. Gurken benötigen viel Wasser und nährstoffreichen Boden. Im Freiland gezogene Gurken sind im Juli und August erntereif.

Gurken sind sehr vielseitig. Sie schmecken besonders gut roh in Salaten, lassen sich aber auch zu warmen Gerichten verarbeiten, einkochen oder einlegen. Frische Gurken sind einige Tage im Kühlschrank haltbar. Lagert man sie jedoch zu kalt, werden sie schnell weich.

Gurkenkaltschale mit Wasserbiskuit

Gurken schälen, klein schneiden und leicht salzen. Dill abbrausen, trocken tupfen und die Blättchen abzupfen. Beides mit der Crème fraîche und 100 ml Wasser in einen Mixer geben. Gut pürieren und mit Salz, Pfeffer und weißem Balsamico abschmecken. Im Kühlschrank durchkühlen lassen.

Für den Wasserbiskuit den Backofen auf 200°C Ober-/Unterhitze (Umluft 180°C) vorheizen. Das Mehl mit 20 ml Wasser und dem Öl verrühren. Mit einer Palette hauchdünn auf Backpapier aufstreichen und mit etwas Salz und grobem Pfeffer würzen. In den Backofen geben und in 6 Minuten goldbraun backen. In Stücke brechen und zu der Kaltschale servieren.

FÜR DIE KALTSCHALE:
900 g Salatgurken
Salz
1 kleines Bund Dill
100 g Crème fraîche
Pfeffer
6 EL weißer Balsamico-Essig

FÜR DEN WASSERBISKUIT:
10 g Mehl
1 TL Sonnenblumenöl
Salz, Pfeffer

AUSSERDEM:
Backpapier

Ergibt 4 Portionen
Zubereitung: ca. 20 Minuten
Kühlzeit: 3 Stunden
Backzeit: 6 Minuten

Gurkensalat mit Garnelenspießen

300 g Garnelen
2 Salatgurken
Salz
2 Schalotten
1 Chilischote
2 TL kleine Kapern
Pfeffer
4 EL Kapernwasser
5 EL Olivenöl
150 g Naturjoghurt
Cayennepfeffer
1 kleines Bund Dill

AUSSERDEM:
8 Holzspieße

Die Garnelen von der Schale befreien, die Rückseite mit einem scharfen Messer vorsichtig einschneiden und den Darm entfernen. Unter kaltem Wasser abspülen und auf Küchenpapier abtropfen lassen. Gurken putzen und entkernen. Mit einem Sparschäler die Gurken in dünne Streifen schneiden und diese in eine Schüssel geben. Sofort mit Salz würzen und 10 Minuten ziehen lassen. Anschließend das Gurkenwasser abgießen.

Die Schalotten schälen und fein würfeln. Chilischote putzen und ebenfalls in kleine Würfel schneiden. Zusammen mit den Kapern zu den Gurken geben. Mit etwas Pfeffer würzen. Kapernwasser mit 2 Esslöffeln Olivenöl und dem Naturjoghurt mischen und mit etwas Cayennepfeffer und Salz abschmecken. Mit einem Pürierstab schaumig mixen.

Die Garnelen auf Holzspieße stecken und mit Salz und Pfeffer würzen. Mit dem restlichen Olivenöl in einer Pfanne bei mittlerer Temperatur von jeder Seite 2 Minuten braten. Den Gurkensalat auf Teller verteilen und mit reichlich Joghurtschaum beträufeln. Dill abbrausen, trocken tupfen, Blättchen abzupfen und den Salat damit bestreuen. Die Spieße anlegen und servieren.

Ergibt 4 Portionen
Zubereitung: ca. 30 Minuten

Kartoffeln

Die Kartoffel hat ihren Ursprung in Südamerika und wurde im 16. Jahrhundert nach Europa gebracht. Ca. 5.000 verschiedene Sorten sind weltweit bekannt, doch nur ein Bruchteil ist regulär im Handel erhältlich.

Kartoffeln sind nur in gegartem Zustand genießbar. Die Schale frischer frühreifer Kartoffeln enthält viele Nährstoffe und kann daher mitgegessen werden. Bei älteren Erdäpfeln hingegen bilden sich Schadstoffe unter der Schale, weswegen sie nicht mitverzehrt werden sollte. Auch grüne Stellen und Keimansätze sind giftig und müssen entfernt werden. Kartoffeln unterscheiden sich in ihrem Stärkegehalt, daher gibt es für jedes Gericht die passende Sorte: festkochende Arten eignen sich für Salate und Gratins, vorwiegend festkochende Kartoffeln lassen sich zu Salzkartoffeln, Pellkartoffeln oder Eintöpfen verarbeiten und die mehligkochenden Knollen sind für Püree oder Knödel ideal.

Kartoffelsuppe mit frittiertem Rucola

Kartoffeln und Zwiebeln schälen und grob zerkleinern. Staudensellerie putzen und ebenfalls klein schneiden. Die Butter in einem großen Topf schmelzen und Zwiebeln, Staudensellerie und Knoblauch für 5 Minuten anschwitzen. Kartoffeln zugeben und gut umrühren. Mit Gemüsebrühe auffüllen und alles für 30 Minuten mit geschlossenem Deckel weich kochen. Anschließend mit einem Pürierstab fein mixen, nach Belieben durch ein Sieb streichen. Zum Schluss die Sahne zugeben und mit Salz, Pfeffer und Muskat würzen.

Den Rucola putzen. In einem Topf das Öl heiß werden lassen (ca. 170 °C), Rucola zugeben und kurz frittieren. Man sollte etwas Abstand zum Topf halten, da das Öl beim Frittieren spritzt. Den Rucola auf einem Küchenpapier abtropfen lassen und sofort zur Suppe servieren.

500 g mehligkochende Kartoffeln
2 Zwiebeln
2 Stangen Staudensellerie
2 EL Butter
1 Knoblauchzehe, geschält
1 l Gemüsebrühe
200 ml Sahne
Salz, Pfeffer, frisch geriebene Muskatnuss

AUSSERDEM:
1 Bund Rucola
1 l Sonnenblumenöl

Ergibt 4 Portionen
Zubereitung: ca. 30 Minuten
Kochzeit: ca. 30 Minuten

Kartoffelfächer mit frischen Gartenkräutern

1 kg mittelgroße, festkochende Kartoffeln
1 Bund frische Gartenkräuter (z.B. Salbei, Thymian, Rosmarin)
10 EL Olivenöl
5 Knoblauchzehen
Fleur de Sel, Pfeffer

Den Backofen auf 170°C Umluft (Ober-/Unterhitze 190°C) vorheizen. Die Kartoffeln gut waschen, mit einem scharfen Messer im Abstand von 3–4 mm immer wieder einschneiden, aber nicht durchschneiden.

Die Kartoffeln auf ein Backblech legen, die Kräuter waschen, trocken tupfen und die Blätter und Nadeln von den Stängeln zupfen. Jeden Kartoffelschlitz mit Kräutern füllen. Mit reichlich Olivenöl beträufeln. Die Knoblauchzehen andrücken und auf das Blech geben. Die Kartoffeln mit Fleur de Sel und Pfeffer kräftig würzen und für 50 Minuten im Ofen knusprig backen.

Ergibt 4 Portionen
Zubereitung: ca. 30 Minuten
Backzeit: 50 Minuten

Kartoffeltarte mit Pesto

200 g Dinkelmehl (Type 630)
100 g kalte Butter, in Stücke geschnitten
½ TL Salz
1 Ei
1 kg festkochende Frühkartoffeln
6 EL Olivenöl
150 g Crème fraîche
80 g Basilikumpesto
2 Eier
Pfeffer, frisch geriebene Muskatnuss

AUSSERDEM:
Tarteform (Ø 26 cm)
Butter für die Form
Mehl für die Arbeitsfläche
Backpapier
500 g getrocknete Hülsenfrüchte (zum Blindbacken)

Für 1 Tarteform (Ø 26 cm)
Zubereitung: ca. 1 Stunde
Kühlzeit: 30 Minuten
Backzeit: 30 Minuten

Dinkelmehl und Butter mit dem Salz krümelig reiben. Ei zugeben und alles rasch zu einem Teig kneten. Zu einer Kugel formen, in Frischhaltefolie wickeln und 30 Minuten kühl stellen. In der Zwischenzeit die Kartoffeln schälen und in dünne Scheiben schneiden. Das Olivenöl in einer Pfanne erhitzen und die Kartoffelscheiben darin in 10 Minuten bissfest braten. Dabei gelegentlich vorsichtig wenden. Die goldbraunen Kartoffelscheiben in eine Schüssel geben.

Den Backofen auf 175°C Umluft (Ober-/Unterhitze 190°C) vorheizen. Die Form buttern. Den Teig auf der mit Mehl bestäubten Arbeitsfläche rund ausrollen und in die Form legen. Backpapier auf den Mürbeteig legen, mit den getrockneten Hülsenfrüchten beschweren. Im Ofen 15 Minuten backen. Dann das Backpapier mit den Hülsenfrüchten entfernen.

Crème fraîche mit Pesto und Eiern verrühren und mit Salz, Pfeffer und Muskat abschmecken. Kartoffelscheiben auf dem Teig verteilen mit der Eimischung begießen. Im Ofen 25–30 Minuten backen.

Kartoffelsalat mit dicken Bohnen

1 kg festkochende Kartoffeln
Salz
100 g durchwachsener Speck
2 Schalotten
200 ml Gemüsebrühe
1 EL mittelscharfer Senf
6 EL Weißweinessig
300 g dicke Bohnen, gepalt
Pfeffer
50 ml Traubenkernöl
1 kleines Bund Petersilie

Die Kartoffeln in Salzwasser gar kochen. Etwas abkühlen lassen, pellen und in Scheiben schneiden. Während die Kartoffeln kochen, den Speck würfeln und in einer Pfanne auslassen. Schalotten schälen und ebenfalls fein würfeln. Speck aus der Pfanne nehmen und im Bratfett die Schalottenwürfel kurz anschwitzen. Beides in eine Salatschüssel geben.

Die Brühe aufkochen und Senf zufügen, beides gut miteinander verrühren. Kartoffelscheiben zu den Speck- und Schalottenwürfeln in die Schüssel geben und alles mit Brühe und dem Weißweinessig begießen.

Die Bohnen in kräftig gesalzenes Wasser geben und 3 Minuten blanchieren. Abgießen und in Eiswasser abschrecken. Mit den Fingern die Bohnenkerne aus der dicken Haut drücken und zum Salat geben. Mit Salz und Pfeffer abschmecken und Traubenkernöl zufügen. Alles vorsichtig miteinander vermengen. Die Petersilie abbrausen, trocken tupfen und die Blättchen abzupfen. Fein hacken und über den Salat streuen.

Ergibt 4 Portionen
Zubereitung: ca. 1⅓ Stunde

Kürbis

Seinen Ursprung hat der Kürbis in Amerika, von dort aus kam er im 16. Jahrhundert nach Europa. Für den Anbau im heimischen Garten zieht man ab März Keimlinge im Topf, die ab Ende Mai ins Beet gepflanzt werden können. Dabei sollte man genügend Platz einplanen, da Kürbisse Kletterpflanzen sind. Sie wachsen besonders gut auf Komposthaufen, die ideale Nährstofflieferanten sind.

In der Küche lassen sich Kürbisse auf vielfältige Weise verarbeiten. Als Beilage passen sie hervorragend zu Fisch und Fleisch; sie lassen sich einkochen sowie zu Suppen oder Brot verarbeiten. Beim Kauf sollte man darauf achten, dass der Stiel noch an der Frucht sitzt. Klopft man auf die Schale und erhält einen hohlen Ton, ist dies ein Zeichen für die ideale Reife. Bei kühler und dunkler Lagerung sind ganze Kürbisse mehrere Wochen haltbar.

Schweinebraten mit geschmortem Kürbis

Den Backofen auf 200°C Umluft (Ober-/Unterhitze 220°C) vorheizen. Den Schweinebraten kräftig mit Salz und Pfeffer würzen, mit der Schwarte nach unten in einen Bräter geben. Nun ½ Liter Wasser angießen und im Ofen für 30 Minuten schmoren lassen.

In der Zwischenzeit den Kürbis halbieren, von den Kernen befreien und in Spalten schneiden. Kartoffeln vierteln. Zwiebeln und Knoblauch schälen, Zwiebel achteln und Knoblauch in Scheiben schneiden. Thymian abbrausen, trocken tupfen und die Blättchen abzupfen. Alles zusammen in eine Schüssel geben. Mit Salz, Pfeffer und Cayennepfeffer würzen und gut vermischen.

Den Schweinebraten im Bräter umdrehen und mit einem scharfen Messer rautenförmig einschneiden. Die Temperatur auf 180°C Umluft (Ober-/Unterhitze 200°C) reduzieren und das Gemüse zugeben. Für weitere 1½ Stunden im Ofen schmoren und gelegentlich den Braten mit etwas Bier begießen. Sollte die Schwarte nach Ende der Garzeit noch nicht kross genug sein, einfach für wenige Minuten unter den Backofengrill schieben. Den Braten herausnehmen, 10 Minuten ruhen lassen und in Scheiben schneiden. Zusammen mit dem Gemüse auf Tellern anrichten.

1 kg Schweinebraten mit Schwarte
Salz, Pfeffer
1 Hokkaidokürbis (à 800 g)
500 g kleine festkochende Kartoffeln
2 Zwiebeln
4 Knoblauchzehen
1 kleines Bund Thymian
Cayennepfeffer
1 Flasche dunkles Bier

AUSSERDEM:
Bräter

Ergibt 4 Portionen
Zubereitung: ca. 1 Stunde
Schmorzeit: 2 Stunden

Gerösteter Kürbis mit Burrata

1 Hokkaidokürbis (à 800 g)
3 Knoblauchzehen
5 Stängel Thymian
2 Chilischoten
Salz, Pfeffer
8 EL Olivenöl
2 Bund Rucola
4 Kugeln Burrata
4 EL weißer Balsamico-Essig
Fleur de Sel

Den Backofen auf 175°C Umluft (Ober-/Unterhitze 190°C) vorheizen. Den Kürbis schälen, halbieren und von den Kernen befreien. Das Fruchtfleisch in ca. 2 cm dicke Spalten schneiden. Den Knoblauch schälen und andrücken, Thymian abbrausen, trocken tupfen und die Blättchen abzupfen. Chilis putzen, halbieren und entkernen. Alles auf ein Backblech geben und mit Salz und Pfeffer würzen. Mit 5 Esslöffeln Olivenöl beträufeln und mit den Händen gut vermischen. Für 15–20 Minuten im Ofen offen schmoren.

Währenddessen den Rucola putzen, von den langen Stielen befreien und trocken schleudern. Den geschmorten Kürbis auf Tellern verteilen, Rucola und Burrata obenauf setzen und mit dem restlichen Olivenöl sowie Balsamico beträufeln. Mit Pfeffer und Fleur de Sel abschmecken.

Ergibt 4 Portionen
Zubereitung: ca. 40 Minuten
Backzeit: 20 Minuten

Kürbisquiche

275 g Mehl (Type 1050)
20 g Frischhefe
⅛ l lauwarme Milch
4 Eier
20 g Butter
Salz
1 Hokaidokürbis (à 500 g)
3 EL Olivenöl
Pfeffer, Muskatnuss
Zucker
80 g Speckwürfel
1 Zwiebel
1 Stange Lauch
150 ml Sahne
80 g Bergkäse

AUSSERDEM:
Tarteform (Ø 28 cm)
Butter und Mehl für die Form
Backpapier
Getrocknete Hülsenfrüchte

Für 1 Tarteform (Ø 28 cm)
Zubereitung: ca. 1¼ Stunden
Gehzeit: 30 Minuten
Backzeit: 35 Minuten

Für den Teig das Mehl in eine Schüssel sieben. Die Hefe in der lauwarmen Milch auflösen und zum Mehl geben. Nun 1 Ei, Butter und ½ Teelöffel Salz zufügen und für 5 Minuten zu einem geschmeidigen Teig verkneten. Abgedeckt an einem warmen Ort für 30 Minuten gehen lassen.

Den Backofen auf 180°C Umluft (Ober-/Unterhitze 200°C) vorheizen. Den Teig auf der bemehlten Arbeitsfläche rund ausrollen, die Tarteform mit Butter auskleiden und mit Mehl bestäuben. Den Teig in die Form geben und andrücken, mit einer Gabel mehrmals in den Boden stechen. Mit Backpapier belegen und darauf die getrockneten Hülsenfrüchte verteilen. Für 15 Minuten im Ofen vorbacken.

Für die Füllung den Kürbis schälen, von Kernen befreien und in Würfel schneiden. Diese in einer Pfanne mit dem Olivenöl für 5 Minuten anbraten. Kräftig mit Salz, Pfeffer, geriebener Muskatnuss und Zucker würzen und aus der Pfanne nehmen. Anschließend die Speckwürfel auslassen. Zwiebel schälen und würfeln, Lauch putzen und in Ringe schneiden. Beides zum Speck in die Pfanne geben und für 2 Minuten anschwitzen. Eier mit Sahne verrühren. Alle Zutaten auf dem Quicheboden verteilen, die Ei-Sahne-Mischung darübergeben und mit Bergkäse bestreuen. Für weitere 20 Minuten im Ofen backen.

Mais

Mais kommt ursprünglich aus Südamerika und ist mit Christoph Kolumbus nach Europa gelangt. Baut man ihn im Garten an, sollte man die Setzlinge relativ dicht zusammenpflanzen, damit sie sich gegenseitig bestäuben können. Zudem braucht Mais viel Sonne und Schutz vor Wind. Die gängigste Sorte ist der Zuckermais, für die Zubereitung von Popcorn benötigt man Puffmais.

Mais kann auf vielfältige Weise verarbeitet werden. Er eignet sich für Suppen, Salate und Eintöpfe, kann aber auch gekocht oder gegrillt werden. Am besten schmeckt Mais erntefrisch, da er dann am süßesten ist. Frischer Mais wird schnell mehlig, daher sollte man die Kolben nicht allzu lange lagern.

Maispuffer

FÜR DIE PUFFER:
2 Zuckermaiskolben
Salz
150 g Weizenmehl (Type 550)
2 TL Weinsteinbackpulver
80 ml Milch
2 Eier
100 g Kräuterfrischkäse
1 Bund Dill
Fleur de Sel, Pfeffer
6 EL Olivenöl

FÜR DEN DIP:
150 g Crème fraîche
1 kleines Bund Petersilie
1 Chilischote
Saft von ½ Limette
Salz, Pfeffer

Ergibt 4 Portionen
Zubereitung: ca. 35 Minuten
Kochzeit: 15–20 Minuten

Für die Puffer Zuckermais in einem großen Topf mit kochendem Salzwasser in 15–20 Minuten weich garen. Herausnehmen, kurz abschrecken und mit einem Messer den Mais vom Kolben schneiden. Weizenmehl und Weinsteinbackpulver in einer Schüssel mischen. Milch, Eier und Frischkäse in einer anderen Schüssel vermengen und das Mehl-Gemisch einrühren. Dill abbrausen, trocken tupfen und hacken. Zusammen mit dem Mais unterrühren. Alles mit Fleur de Sel und Pfeffer abschmecken.

Eine Pfanne erhitzen, 2 Esslöffel Olivenöl und jeweils 2 Esslöffel des Teiges hineingeben. Die Maisküchlein von beiden Seiten in je 2 Minuten goldbraun braten. Anschließend warm halten und so weiterverfahren, bis der ganze Teig aufgebraucht ist.

Für den Dip die Crème fraîche in eine Schüssel geben. Petersilie abbrausen, trocken tupfen, die Blättchen von den Stängeln zupfen und klein hacken. Die Chilischote putzen und fein würfeln. In die Schüssel geben, alles gut verrühren und mit Limettensaft, Salz und Pfeffer abschmecken. Zusammen mit den Maispuffern servieren.

Tipp: Hierzu schmecken Räucherlachs und Rucola besonders gut.

Mexikanischer Maissalat

Zuckermais in einem großen Topf mit kochendem Salzwasser in 15–20 Minuten weich garen. Herausnehmen und abschrecken. Mais vom Kolben schneiden und in einer Pfanne mit 2 Esslöffeln Olivenöl 5 Minuten unter Rühren braten. Kidney-Bohnen unter fließendem Wasser abspülen und zusammen mit dem Mais in eine Schüssel geben. Paprika und Römersalat putzen, in mundgerechte Stücke schneiden und zugeben. Koriander abbrausen, trocken tupfen und die Blättchen von den Stängeln zupfen. Chilischoten putzen. Beides hacken, untermischen und alles gut miteinander vermengen.

Für das Dressing die Limetten auspressen und mit 3 Esslöffeln Olivenöl, Rohrohrzucker, Fleur de Sel und Pfeffer in ein Schraubglas füllen und kräftig schütteln. Restliches Olivenöl in eine Pfanne geben, Tofu in Würfel schneiden und 5 Minuten unter Rühren anbraten. Salat mit dem gebratenen Tofu auf Teller verteilen und mit dem Dressing beträufeln.

3 Zuckermaiskolben
Salz
7 EL Olivenöl
1 Glas Kidney-Bohnen
1 grüne Paprika
1 Römersalatherz
1 Bund frischer Koriander
2 Chilischoten
2 Limetten
1 TL Rohrohrzucker
1 TL Fleur de Sel
Etwas frischer Pfeffer
1 Packung Räuchertofu

Ergibt 4 Portionen
Zubereitung: ca. 30 Minuten
Kochzeit: 15–20 Minuten

Mais-Currysüppchen mit Kokosschaum

5 Zuckermaiskolben
Salz
1 Zwiebel
2 Knoblauchzehen
40 g Butter
1 EL Currypulver
150 ml Weißwein
800 ml Geflügelfond
Pfeffer

AUSSERDEM:
200 ml Kokosmilch (Dose)
100 ml Milch
1 EL Fischsauce

Ergibt 4 Portionen
Zubereitung: ca. 40 Minuten
Kochzeit (Mais): 15–20 Minuten
Kochzeit (Suppe): ca. 10 Minuten

Zuckermais in einem großen Topf mit kochendem Salzwasser in 15–20 Minuten weich garen. Herausnehmen und abschrecken. Mit einem scharfen Messer den Mais vom Kolben schneiden. Zwiebel und Knoblauch schälen und fein würfeln. In einem großen Topf die Butter erhitzen und Zwiebel- und Knoblauchwürfel darin anschwitzen. Currypulver darüberstäuben und kurz mitrösten lassen. Den Mais zugeben und mit Weißwein ablöschen. Diesen komplett reduzieren lassen, anschließend den Fond angießen. Die Suppe für 10 Minuten leicht köcheln lassen. Pürieren und mit Salz und Pfeffer abschmecken. Nach Belieben durch ein Sieb passieren.

Für den Kokosschaum in einem kleinen Topf Kokosmilch und Milch vermischen und je nach Geschmack mit Salz oder für eine asiatische Note mit Fischsauce abschmecken. Leicht erwärmen und mit einem Pürierstab oder Milchschäumer aufmixen. Die Maissuppe auf Teller verteilen und mit dem Schaum garnieren.

Mangold

Mangold ist im Mittelmeerraum und Vorderasien beheimatet. Er ist ein Gänsefußgewächs und von Mai bis in den Herbst erhältlich. Mangold ist eine zweijährige Pflanze – die essbaren Blätter können bereits im ersten Jahr geerntet werden, Blüten und Saatgut bilden sich erst im zweiten Jahr. Die Aussaat erfolgt von April bis Juni.

Man unterscheidet zwischen Blattmangold, der ähnlich wie Spinat verarbeitet wird, und Stielmangold, dessen Geschmack an Spargel erinnert. Aus diesem Grund wird Mangold auch »Spargel des armen Mannes« genannt. Er eignet sich zum Dünsten, Kochen, Braten und Überbacken und lässt sich als Hülle für Rouladen verwenden. Mangold ist ein idealer Begleiter für Fisch, Fleisch und Eierspeisen. In ein feuchtes Tuch eingeschlagen, hält er sich im Kühlschrank nur ein bis zwei Tage, daher sollte man ihn sofort verarbeiten.

Kalbsbäckchen mit Mangold

2 Zwiebeln
1 Möhre
2 Stangen Staudensellerie
3 EL Sonnenblumenöl
4 Kalbsbäckchen
Salz, Pfeffer
1 EL Tomatenmark
1 EL Pimentkörner
2 Lorbeerblätter
300 ml Rotwein
500 ml Rinderfond

300 g Mangold, geputzt
Salz
5 EL Olivenöl
1 kleines Bund Thymian
Fleur de Sel, Pfeffer, frisch geriebene Mukatnuss

AUSSERDEM:
Bräter

Ergibt 4 Portionen
Zubereitung: ca. 1¼ Stunden
Schmorzeit: 1½ Stunden

Den Backofen auf 200°C Ober-/Unterhitze (180°C Umluft) vorheizen. Zwiebeln, Möhre und Staudensellerie putzen und würfeln. Öl in einem Bräter erhitzen, die Kalbsbäckchen scharf anbraten und mit Salz und Pfeffer würzen. Das Fleisch entnehmen und das Gemüse zugeben. Für 10 Minuten unter Rühren braten.

Tomatenmark zufügen und kurz anschwitzen. Bäckchen wieder einlegen und Piment sowie Lorbeerblätter zugeben. Mit Rotwein ablöschen und reduzieren lassen. Dann mit Rinderfond auffüllen. Den Bräter mit Deckel in den Ofen geben und für 1½ Stunden schmoren.

Mangoldblätter 2 Minuten in Salzwasser blanchieren. Dann in Eiswasser abschrecken. Die Stiele in ca. 10 cm lange Stifte schneiden und mit 3 Esslöffeln Olivenöl in einer Pfanne 5 Minuten anbraten. Abgezupfte Thymianblättchen zugeben und mit Fleur de Sel, Pfeffer und Muskat würzen. Die Mangoldblätter etwas zurechtschneiden und je einige Stifte in ein Blatt einrollen. Mit Olivenöl beträufeln.

Die Kalbsbäckchen aus dem Bräter nehmen. Den Sud 5 Minuten aufkochen lassen und einen Teil des Gemüses fein mixen. Die Sauce durch ein Sieb passieren. Das Fleisch in Scheiben schneiden, zusammen mit dem Mangold anrichten und mit Polenta und der Sauce servieren.

Asiatisches Mangold-Sandwich mit Honig-Ente

3 EL Sonnenblumenöl
3 Entenkeulen (à 350 g)
Salz, Pfeffer
3 Sternanis
500 ml Entenfond oder Gemüsebrühe
1 Bund Frühlingszwiebeln
2 Chilischoten
2 Stangen Zitronengras
4 EL Sojasauce
2 EL Honig
Saft von 2 Limetten
500 g bunter Mangold, geputzt
5 cm Ingwer
1 EL Butter
2 Knoblauchzehen
4 kleine Baguettebrötchen

AUSSERDEM:
Bräter

Ergibt 4 Portionen
Zubereitung: ca. 1 Stunde
Schmorzeit: 1⅔ Stunden

Den Backofen auf 200°C Ober-/Unterhitze (180°C Umluft) vorheizen. Einen Bräter mit dem Öl erhitzen. Entenkeulen rundum mit Salz und Pfeffer würzen und in den Bräter geben. Nach 10 Minuten umdrehen und den Sternanis zugeben. Sobald die Keulen etwas Farbe genommen haben, den Fond angießen. Für 1 Stunde abgedeckt schmoren. Dann den Deckel entfernen, für weitere 30–40 Minuten schmoren und die Keulen nach Ende der Garzeit abkühlen lassen.

Frühlingszwiebeln und Chilis putzen und klein schneiden. Die äußeren Blätter des Zitronengrases sowie die Strünke entfernen und den weißen Teil des Zitronengrases fein schneiden. Das Fleisch von den Keulen zupfen und in einer Schüssel mit Frühlingszwiebeln, Chili und Zitronengras mischen. Mit Sojasauce, Honig und Limettensaft würzen, nach Belieben abschmecken. Mangoldblätter in Streifen und die Stiele klein schneiden. Ingwer schälen und fein hacken. Butter in einer Pfanne schmelzen und zuerst die Mangoldstiele anbraten. Knoblauchzehen schälen, andrücken und ebenfalls zugeben. 8 Minuten braten, dann Ingwer und Blätter zufügen und weitere 3 Minuten unter Rühren braten. Alles mit Salz und Pfeffer abschmecken und die Knoblauchzehen wieder entfernen. Die Baguettebrötchen aufschneiden und mit Mangold und Entenfleisch belegen.

Möhren

Möhren wurden bereits im 18. Jahrhundert in den Niederlanden gezogen, über die genaue Herkunft herrscht jedoch Unklarheit. Das Wurzelgemüse wird ab Mai direkt ins Beet gesät. Man pflanzt Möhren in Reihen, die später ausgedünnt werden. Sie mögen es sonnig bis halbschattig.

Die Möhre eignet sich zum rohen Verzehr, gekocht oder geschmort. Frische Möhren haben eine einheitliche Farbgebung und sind fest und knackig. Das Grün sollte nach der Ernte oder nach dem Kauf entfernt werden, da es dem Gemüse Wasser entzieht. Die Rinde der Möhre enthält die meisten Nährstoffe und kann mitgegessen werden. Da der Körper das enthaltene Betacarotin nur schwer aufnehmen kann, empfiehlt es sich, dem verarbeiteten Gemüse ein wenig Butter oder Öl beizugeben. Lagert man Möhren kühl und dunkel und wäscht sie erst unmittelbar vor dem Verarbeiten, sind sie zwei bis vier Wochen haltbar.

Geschmorte Möhren mit Sternanis

Möhren schälen und der Länge nach halbieren. Den Zucker in einem Topf bei starker Hitze hellbraun karamellisieren lassen. Butter zugeben und den Karamell lösen. Mit Weißwein, Gemüsebrühe und Orangensaft ablöschen und aufkochen. Sternanis zugeben, Ingwer schälen, fein hacken und ebenso zugeben. Mit Fischsauce abschmecken und die Möhren in den Fond geben. Bei geringer Hitze in ca. 25 Minuten weich kochen.

Die Möhren im Fond abkühlen und über Nacht abgedeckt ziehen lassen. So schmecken sie noch intensiver.

Tipp: Die Anismöhren schmecken hervorragend zu gegrilltem Schweinebauch oder auch zu Entenbrust.

800 g Möhren
150 g Zucker
70 g Butter
200 ml Weißwein
300 ml Gemüsebrühe
300 ml Orangensaft
6 Sternanis
3 cm Ingwer
3 EL Fischsauce

Ergibt 4 Portionen
Zubereitung: ca. 40 Minuten
Kochzeit: ca. 25 Minuten

Möhrensalat mit Sesam-vinaigrette und Koriander

Möhren schälen und mit einer feinen Reibe in eine Schüssel raspeln. Mit Salz, Pfeffer und Mirin würzen.

Den Ingwer schälen und fein hacken. Koriander abbrausen, trocken tupfen und ebenfalls fein hacken. Beides zu den Möhren in die Schüssel geben und mit Sesamöl abschmecken. Mit etwas Sesam bestreuen und servieren.

Tipp: Dieses Rezept bietet die Möglichkeit, einem einfach zuzubereitenden Salat eine besondere Note zu geben. Wer mag, kann sich auch mal an einem Blumenkohlsalat mit Curry, Chili und Rosinen oder an einem Krautsalat mit Ingwer, Honig und Macadamianüssen versuchen.

1 kg Möhren
Salz, Pfeffer
5 EL Mirin-Essig
4 cm Ingwer
1 kleines Bund Koriander
3 EL Sesamöl
2 EL Sesam

Ergibt 4 Portionen
Zubereitung: ca. 20 Minuten

Paprika

Die Paprika stammt aus Mittel- und Südamerika und wurde im 16. Jahrhundert nach Europa gebracht. Ursprünglich waren alle Paprikasorten scharf im Geschmack, was an ihrer Verwandtschaft mit Chilis liegt. Erst durch Züchtung kam die milde Form, die als Gemüsepaprika bekannt ist, zustande. Paprikapflanzen benötigen viel Licht und Wärme. Werden sie im Topf angezogen, kann man sie im Mai ins Freie pflanzen. Frost vertragen sie nicht.

Die Farbe der Paprika ist vom Reifegrad abhängig. Grüne Früchte sind unreif, vollständig gereifte Früchte sind gelb, rot oder orange. Paprika schmecken roh, gefüllt, als Zutat für verschiedene Aufläufe oder in Saucen. Da sie sehr kälteempfindlich sind, empfiehlt sich eine kühle Lagerung außerhalb des Kühlschranks.

Paprika-Gazpacho mit geröstetem Ciabatta

1 kleine Zwiebel
1 Knoblauchzehe
2 rote Paprikaschoten
350 g Salatgurke, ungeschält
6 vollreife Tomaten
Salz, Pfeffer
5 EL Rotweinessig
6 EL Olivenöl

AUSSERDEM:
1 Ciabatta
1 Knoblauchzehe
5 EL Olivenöl

Für die Gazpacho die Zwiebel und den Knoblauch schälen und klein hacken. Paprika putzen, von Stielen und Kerngehäusen befreien und klein schneiden. Gurke und Tomaten waschen, trocken tupfen und mit der Schale in Stücke schneiden. Alles fein mixen und mit Salz, Pfeffer, Rotweinessig und Olivenöl kräftig abschmecken. Im Kühlschrank abgedeckt gut durchkühlen lassen.

Den Backofen auf 190 °C Umluft (Ober-/Unterhitze 210 °C) vorheizen. Das Ciabatta in dünne Scheiben schneiden. Die Knoblauchzehe halbieren und die Scheiben damit einreiben. Mit etwas Olivenöl beträufeln und im Ofen in ca. 10–15 Minuten kross rösten. Zur Gazpacho servieren.

Tipp: Wer mag, kann auch etwas Paprika, Gurke und Tomate in Würfel schneiden und als Einlage verwenden.

Ergibt 4 Portionen
Zubereitung: ca. 30 Minuten
Kühlzeit: 3 Stunden
Backzeit: 15 Minuten

Merguez mit Paprika-Nudelragout

Je 2 rote und gelbe Paprikaschoten
Salz, Pfeffer
2 Knoblauchzehen
1 kleines Bund Thymian
6 EL Olivenöl
4 Frühlingszwiebeln
350 g Kritharaki-Nudeln
8 Merguez-Bratwürste

Den Backofen auf 210 °C Ober-/Unterhitze (Umluft 190 °C) vorheizen. Paprika waschen, vierteln und von Stielen und Kerngehäusen befreien. Ein Backblech mit Salz und Pfeffer bestreuen, Paprika auflegen. Knoblauch schälen und in dünne Scheiben schneiden. Thymian abbrausen, trocken tupfen und Blättchen von den Stielen zupfen. Beides mit 4 Esslöffeln Olivenöl über den Paprika verteilen. Das Blech mit Alufolie luftdicht abdecken und für 25 Minuten in den Ofen geben.

Währenddessen die Frühlingszwiebeln putzen und in feine Ringe schneiden. Das Blech mit den Paprika aus dem Ofen nehmen und 15 Minuten abkühlen lassen. Dann die Alufolie entfernen, Paprika schälen und in kleine Würfel schneiden. Den Paprikasud vom Blech auffangen und zu den Würfeln geben.

Die Nudeln al dente kochen, abgießen und sofort mit Paprika und Frühlingszwiebeln mischen. Eine Pfanne mit dem restlichen Olivenöl erhitzen und die Merguez darin rundum anbraten, bis sie etwas Farbe bekommen haben. Das Paprika-Nudelragout auf Teller verteilen und zusammen mit den Würsten servieren.

Ergibt 4 Portionen
Zubereitung: ca. 1 Stunde
Schmorzeit: 25 Minuten

Ungarisches Gulasch

1 kg Rindfleisch
500 g Zwiebeln
5 EL Sonnenblumenöl
Salz, Pfeffer
3 Knoblauchzehen
1 EL Paprikapulver, edelsüß
1 EL Paprikapulver, rosenscharf
1 TL Kümmel, gehackt
1 EL Tomatenmark
1 EL getrockneter Majoran
250 ml Rotwein
1 l Rinderfond
3 Paprikaschoten
2 TL Speisestärke
1 kleines Bund frischer Majoran

Den Backofen auf 200°C Ober-/Unterhitze (Umluft 180°C) vorheizen. Das Rindfleisch in grobe Würfel schneiden. Zwiebeln schälen und ebenfalls würfeln. Sonnenblumenöl in einem Topf erhitzen und das Rindfleisch portionsweise scharf anbraten. Dabei darauf achten, nicht zu viel Fleisch in den Topf zu geben, damit es nicht zu kochen beginnt. Mit Salz und Pfeffer würzen.

Fleisch beiseitestellen und im selben Topf die Zwiebelwürfel glasig anschwitzen. Inzwischen den Knoblauch schälen, in Scheiben schneiden und zugeben. Dann das Fleisch wieder zufügen und mit beiden Paprikapulvern sowie Kümmel würzen. Tomatenmark und Majoran zugeben und alles gut verrühren. Mit Rotwein ablöschen und bis auf ⅓ einkochen lassen. Mit Rinderfond auffüllen. Im Ofen zugedeckt 1 Stunde schmoren.

Paprika waschen, vierteln und von Stielen und Kerngehäusen befreien. In mundgerechte Stücke schneiden und zum Fleisch geben. Alles für weitere 40 Minuten ohne Deckel schmoren. Nach der Garzeit den Topf aus dem Ofen nehmen. Gulasch mit Salz und Pfeffer abschmecken, nochmals auf den Herd stellen und aufkochen. Stärke mit 1 Esslöffel kaltem Wasser mischen und unterrühren. Zum Servieren Majoran abbrausen und trocken tupfen, die Blättchen abzupfen, hacken und über dem Gulasch verteilen.

Ergibt 4 Portionen
Zubereitung: ca. 1 Stunde
Schmorzeit: 1⅔ Stunden

Pastinaken

Pastinaken werden von März bis Mai ausgesät und im Herbst und Winter geerntet. Sie stellen keine hohen Ansprüche und sind daher leicht anzubauen. Frost verstärkt den würzig-süßen Geschmack des Wurzelgemüses, das mit der Möhre verwandt ist. Früher war die Pastinake ein weitverbreitetes Nahrungsmittel, das mit Einfuhr der Kartoffel jedoch weitestgehend verdrängt wurde.

Pastinaken finden häufig Verwendung in Pürees und können gekocht, gebraten oder gebacken werden. Auch roh kann man sie genießen. Im Kühlschrank sind die Wurzeln ungefähr ein bis zwei Wochen haltbar.

Pastinakenpommes mit Curry-Apfel-Dip

FÜR DIE PASTINAKENPOMMES:
1 kg Pastinaken
5 EL Olivenöl
Fleur de Sel
Pfeffer

FÜR DEN DIP:
1 Apfel
150 g Crème fraîche
2 TL Currypulver
Saft von ½ Zitrone
Salz, Pfeffer

AUSSERDEM:
Backpapier

Den Backofen auf 180 °C Umluft (Ober-/Unterhitze 200 °C) vorheizen. Pastinaken schälen und längs in ca. 1 cm dicke Scheiben schneiden. Diese wiederum in Stifte schneiden, auf eine einheitliche Länge kürzen und auf ein Backblech mit Backpapier geben. Mit dem Olivenöl beträufeln und mit Fleur de Sel und Pfeffer kräftig würzen. Alles gut mit den Händen vermischen. Im vorgeheizten Backofen in 40–50 Minuten knusprig backen. Währenddessen zweimal kurz die Ofentür öffnen; so kann der Dampf entweichen und die Pastinakenpommes werden noch krosser.

Für den Dip den Apfel nach Belieben schälen und fein würfeln. Crème fraîche mit Currypulver und Zitronensaft in einer Schüssel vermischen. Mit Salz und Pfeffer abschmecken. Dann die Apfelwürfel unterrühren. Die Pastinakenpommes aus dem Ofen nehmen und sofort mit dem Dip servieren.

Ergibt 4 Portionen
Zubereitung: ca. 1 Stunde
Backzeit: 40–50 Minuten

Kabeljau mit Pastinakenpüree und brauner Butter

800 g Pastinaken
2 mehligkochende Kartoffeln
Salz
Saft von ½ Zitrone, 1 Spritzer extra
100 ml Sahne
150 g Butter
Frisch geriebene Muskatnuss
4 Stücke Kabeljau mit Haut (à 160 g)
Pfeffer
2 EL Olivenöl
1 kleines Bund Petersilie

Pastinaken und Kartoffeln schälen, in Würfel schneiden und in einen Topf geben. Knapp mit Wasser bedecken, mit 1 Teelöffel Salz und Zitronensaft würzen. Zugedeckt weich kochen. Restliches Wasser abgießen und das Gemüse ausdampfen lassen. Sahne und 50 g Butter zugeben und alles mit einem Pürierstab fein mixen. Mit Salz, Muskat und 1 Spritzer Zitronensaft abschmecken.

Den Backofen auf 180°C Umluft (Ober-/Unterhitze 200°C) vorheizen. Kabeljau mit Salz und Pfeffer würzen. In einer Pfanne das Olivenöl erhitzen und den Fisch darin 2 Minuten auf der Hautseite braten, dann kurz umdrehen und für 5 Minuten in den vorgeheizten Ofen geben.

In der Zwischenzeit die restliche Butter in einem kleinen Topf erhitzen, bis sie beginnt, braun zu werden. Dann den Topf beiseitestellen. Petersilie abbrausen, trocken tupfen, die Blätter abzupfen und hacken. Das Püree auf Teller verteilen, den Kabeljau obenauf setzen, mit Petersilie bestreuen und brauner Butter begießen.

Ergibt 4 Portionen
Zubereitung: ca. 40 Minuten
Backzeit: 5 Minuten

Radicchio

Radicchio stammt aus Italien und ist erst seit vergleichsweise kurzer Zeit in Nordeuropa erhältlich. Da er im Aussehen wie auch im Geschmack mit dem Chicorée verwandt ist, jedoch eine rote Blattfärbung hat, wird er auch Roter Chicorée genannt. Je nach Sorte wird der Radicchio im Frühjahr angebaut und im Herbst geerntet oder aber im Sommer gezogen und erst im Frühjahr geschnitten. Der Frost intensiviert seine charakteristischen roten Blätter.

Radicchio hat einen kräftigen Geschmack, der leicht bitter und nussig ist. Er verleiht Salaten eine bunte Note und passt blanchiert oder gedünstet zu Fleisch und Fisch. Gekühlt ist er fünf bis sieben Tage haltbar.

Rotweinrisotto mit gebratenem Radicchio

Für das Risotto die Schalotte schälen und fein würfeln. Knoblauch ebenfalls schälen, leicht andrücken und zusammen mit dem Olivenöl und den Schalottenwürfeln in einen Topf geben. Bei mittlerer Temperatur glasig schwitzen. Risottoreis zugeben und verrühren. Dann mit etwas Rotwein ablöschen und diesen einkochen lassen. Erneut etwas Rotwein zufügen und wieder einkochen. Währenddessen gut umrühren, sodass das Risotto nicht anbrennt. Diesen Vorgang so lange wiederholen, bis der Rotwein aufgebraucht ist. Danach genauso mit der Brühe weiterverfahren. Nach ca. 25 Minuten sollte der Reis noch Biss und eine sämige Konsistenz haben.

Radicchio putzen und halbieren. Mit jeweils 2 Scheiben dünnem Speck umwickeln. In einer großen Pfanne das Olivenöl erhitzen und den Radicchio rundum 3–4 Minuten anbraten. Danach den Puderzucker zugeben und etwas karamellisieren lassen. Mit dunklem Balsamico ablöschen und fast vollständig reduzieren lassen. Mit Hühnerbrühe auffüllen und kurz aufkochen lassen.

Risotto mit Parmesan, Butter und Zucker verfeinern und verrühren. Mit Salz und Pfeffer abschmecken. Auf Tellern verteilen, jeweils 2 Radicchiohälften auflegen und mit etwas Bratfond beträufeln.

FÜR DAS RISOTTO:

1 Schalotte
1 Knoblauchzehe
3 EL Olivenöl
350 g Risottoreis
500 ml Rotwein
400 ml Hühnerbrühe
60 g geriebener Parmesan
80 g Butter
1 EL Zucker
Salz, Pfeffer

FÜR DEN RADICCHIO:

4 Radicchio Trevisano
16 Scheiben dünner Fenchelspeck
3 EL Olivenöl
2 EL Puderzucker
4 EL Balsamico-Essig
100 ml Hühnerbrühe

Ergibt 4 Portionen
Zubereitung: ca. 40 Minuten
Kochzeit: ca. 25 Minuten

Lauwarmer Orangen-Radicchio mit Kalbssteak

3 Orangen
4 Radicchio Trevisano
4 EL Olivenöl
1 EL Puderzucker
Salz, Pfeffer
1 EL Butter
2 EL weißer Balsamico-Essig
4 Kalbssteaks (à 150 g)
1 TL Fenchelsamen

Ergibt 4 Portionen
Zubereitung: ca. 40 Minuten

Die Orangen filetieren und in eine Schüssel geben. Das übrige Fruchtfleisch mit den Händen auspressen und den Saft in einem Gefäß auffangen. Radicchio putzen, halbieren und die Strünke entfernen. Blätter in mundgerechte Stücke schneiden.

1 Esslöffel Olivenöl in eine heiße Pfanne geben, sofort den Puderzucker zufügen und etwas karamellisieren lassen. Radicchio zugeben und 3 Minuten unter Rühren braten. Mit Salz und Pfeffer würzen. Die Butter zufügen und aufschäumen lassen. Mit dem Orangensaft ablöschen und mit Balsamico abschmecken. Dann den Radicchio zu den Orangenfilets in die Schüssel geben und etwas ziehen lassen.

In der Zwischenzeit die Kalbssteaks mit Salz und Pfeffer würzen. Fenchelsamen im Mörser zerstoßen oder mit einem Messer grob zerkleinern und die Steaks damit bestreuen. Restliches Olivenöl in der Pfanne erhitzen und die Kalbssteaks von jeder Seite ca. 1 Minute anbraten. Sofort in Alufolie wickeln und 5 Minuten ziehen lassen. Das Fleisch zusammen mit dem Salat anrichten.

Rote Bete

Rote Bete ist ein Rübengewächs, das seit Jahrhunderten in Deutschland angebaut wird. Die Pflanze stellt keine hohen Ansprüche, vor der Aussaat sollte man die Samen jedoch eine Zeit lang in Wasser quellen lassen. Saatzeit ist von Ende April bis Juli, ab August kann geerntet werden. Zu groß sollten die Rüben nicht sein, da sie mit zunehmender Größe innen holzig werden. Dies sollte man auch beim Kauf beachten.

Rote Bete kann man sowohl roh als auch gegart genießen. Grundsätzlich gilt es, sich beim Verarbeiten vor Saftspritzern zu schützen, da der rote Farbstoff, der auch als Grundlage für Lebensmittelfarbe verwendet wird, sehr hartnäckig ist. Kühl und trocken gelagert, ist Rote Bete lange Zeit haltbar.

Geschmorte Rote Bete mit Kreuzkümmel

1 kg Rote Bete
3 Schalotten
3 Knoblauchzehen
5 EL Olivenöl
2 TL Fleur de Sel
1 EL Zucker
2 TL Kreuzkümmelsamen
150 ml Orangensaft
200 ml Gemüsebrühe
5 EL Rotweinessig

AUSSERDEM:
Bräter
Backpapier

Den Backofen auf 180 °C Umluft (Ober-/Unterhitze 200 °C) vorheizen. Die Rote Bete schälen und in Spalten schneiden. Die Schalotten ebenfalls schälen und halbieren. Die Knoblauchzehen leicht andrücken. Alles in einen Bräter geben. Mit dem Olivenöl beträufeln und mit Fleur de Sel und Zucker würzen. Kreuzkümmelsamen hacken und zusammen mit Orangensaft, Gemüsebrühe und Rotweinessig zugeben.

Den Bräter mit Backpapier bedecken und im vorgeheizten Ofen für 2 Stunden schmoren. Für die letzte halbe Stunde das Backpapier entfernen.

Tipp: Lauwarm mit etwas Schmand und geröstetem Brot servieren.

Ergibt 4 Portionen
Zubereitung: ca. 20 Minuten
Schmorzeit: 2 Stunden

Rote-Bete-Salat

Für den Salat Rote Bete mit Salz, Kümmel und Rotweinessig in einen Topf geben. So viel Wasser angießen, dass das Gemüse vollständig davon bedeckt ist. In 60–90 Minuten abgedeckt weich kochen. Rote Bete abgießen und etwas abkühlen lassen. Mit den Händen oder einem kleinen Messer schälen, in dünne Scheiben schneiden und in eine Schüssel geben.

Für das Dressing die Zwiebel schälen, halbieren und in feine Würfel schneiden. Zusammen mit Rotweinessig, Traubenkernöl, Zucker, Salz und Pfeffer zur Roten Bete in die Schüssel geben. Den Schnittlauch abbrausen, trocken tupfen, in kleine Röllchen schneiden und mit dem Salat servieren.

Tipp: Den Salat am besten am Vortag zubereiten und über Nacht ziehen lassen. So schmeckt er am besten.

FÜR DEN SALAT:

1 kg Rote Bete
1 TL Salz
1 TL Kümmel
5 EL Rotweinessig

FÜR DAS DRESSING:

1 Zwiebel
4 EL Rotweinessig
4 EL Traubenkernöl
2 TL Zucker
Salz, Pfeffer
1 Bund Schnittlauch

Ergibt 4 Portionen
Zubereitung: ca. 40 Minuten
Kochzeit: 60–90 Minuten

Rote-Bete-Flammkuchen

FÜR DEN BELAG:
500 g Rote Bete
1 TL Salz
1 TL Kümmel
5 EL Rotweinessig
200 g Crème fraîche
4 Frühlingszwiebeln
4 EL Olivenöl
Fleur de Sel, Pfeffer
80 g Parmesan

FÜR DEN TEIG:
200 g Weizenmehl (Type 550)
2 EL Sonnenblumenöl
½ TL Salz

AUSSERDEM:
Mehl für die Arbeitsfläche

Ergibt 4 Portionen
Zubereitung: ca. 1 Stunde
Kochzeit: 60–90 Minuten
Backzeit: 25 Minuten

Für den Belag Rote Bete mit Salz, Kümmel und Rotweinessig in einen Topf geben. So viel Wasser angießen, dass das Gemüse davon vollständig bedeckt ist. In 60–90 Minuten abgedeckt weich kochen. Anschließend etwas abkühlen lassen und schälen. Mit einem Messer in dünne Scheiben schneiden.

Für den Teig Mehl mit Öl, 125 ml Wasser und Salz in einer Schüssel verkneten. Mit Frischhaltefolie abdecken und den Teig 20 Minuten ruhen lassen. Inzwischen den Backofen auf 190 °C Umluft (Ober-/Unterhitze 210 °C) vorheizen. Den Teig auf der mit Mehl bestäubten Arbeitsfläche ca. 2–3 mm dünn ausrollen und auf ein Backblech mit Backpapier geben.

Den Teig mit Crème fraîche bestreichen. Die Frühlingszwiebeln putzen, in Ringe schneiden und zusammen mit der Roten Bete obenauf verteilen. Den Flammkuchen mit Olivenöl beträufeln und mit Fleur de Sel und Pfeffer würzen. Für 25 Minuten im Ofen backen. Herausnehmen und den Parmesan über den Flammkuchen hobeln.

Rote-Bete-Meerrettichcreme mit Räucherforelle

Rote Bete mit Salz, Kümmel und 4 Esslöffeln Rotweinessig in einen Topf geben. So viel Wasser angießen, dass das Gemüse davon vollständig bedeckt ist. In 60–90 Minuten abgedeckt weich kochen. Die Rote Bete anschließend etwas abkühlen lassen und schälen. Mit einem Messer in Würfel schneiden und zusammen mit 100 g Butter, Sahnemeerrettich und dem restlichen Rotweinessig zu einer feinen Creme mixen. Diese für 1 Stunde kühl stellen. Anschließend den Schnittlauch abbrausen, trocken tupfen, in Röllchen schneiden und unterrühren.

Das Kerngehäuse der Äpfel mit einem Ausstecher entfernen und das Obst in ca. 1 cm dicke Scheiben schneiden. Zucker in einer Pfanne karamellisieren, Äpfel und die restliche Butter zugeben. Die Apfelscheiben unter Wenden 2–3 Minuten in der Pfanne braten.

Pumpernickel mit Rote-Bete-Creme bestreichen und mit den lauwarmen Apfelscheiben belegen. Räucherforelle in Stücke teilen und obenauf legen. Mit frisch gemahlenem Pfeffer bestreuen.

400 g Rote Bete
1 TL Salz
1 TL Kümmel
6 EL Rotweinessig
130 g Butter
3 EL Sahnemeerrettich
1 Bund Schnittlauch
2 Äpfel
2 EL Zucker
8 Scheiben Pumpernickel
200 g Räucherforelle
Pfeffer

Ergibt 4 Portionen
Zubereitung: ca. 30 Minuten
Kochzeit: 60–90 Minuten

Spargel

Spargel gilt als König unter den Gemüsesorten. Der Anbau erfordert jedoch viel Geduld, denn erst nach drei Jahren lassen sich die weißen, grünen oder violetten Stangen ernten. Die Erntezeit findet zwischen Mitte April und dem Johannisfest am 24. Juni statt.

Spargel sollte schnell verarbeitet werden. Je frischer er ist, desto besser schmeckt er. Man erkennt frischen Spargel an den fest geschlossenen Köpfen und dem quietschenden Geräusch, das beim Aneinanderreiben der Stangen entsteht. Spargel sollte man immer von oben nach unten schälen und dabei die Spitzen unbeschädigt lassen. Die holzigen Enden schneidet man ab. Beim Kochen sollte man darauf achten, einen ausreichend großen Topf zu verwenden. Eingeschlagen in ein feuchtes Tuch, hält sich Spargel einige Tage im Kühlschrank.

Spargel mit Radieschen-Schnittlauch-Vinaigrette

FÜR DEN SPARGEL:
2 kg weißer Spargel
4 EL Rapsöl
Salz, Zucker
160 ml trockener Weißwein

FÜR DIE VINAIGRETTE:
2 Bund Radieschen
5 EL Rapsöl
4 EL Apfelessig
Salz, Pfeffer
2 EL Honig
1 Bund Schnittlauch

AUSSERDEM:
Backpapier

Ergibt 4 Portionen
Zubereitung: ca. 50 Minuten
Schmorzeit: 30 Minuten

Für den Spargel den Backofen auf 180 °C Umluft (Ober-/Unterhitze 200 °C) vorheizen. Spargel schälen und die holzigen Enden abschneiden. In 4 Portionen teilen und diese je auf 1 Blatt Backpapier geben. Über jede Portion 1 Esslöffel Rapsöl träufeln, mit Salz und Zucker würzen. Das Backpapier jeweils an den Enden zusammenfalten, je 40 ml Weißwein zugeben und zu einem kompakten Päckchen verschließen. Auf ein Backblech geben und für 30 Minuten im Ofen schmoren.

Für die Vinaigrette die Radieschen putzen und zuerst in Scheiben, dann in feine Streifen schneiden. Rapsöl, Apfelessig, Salz, Pfeffer und Honig in einer Schüssel mischen. Radieschen zugeben und unterrühren. Spargel aus dem Ofen nehmen, die Päckchen öffnen und über jede Portion die marinierten Radieschen geben. Schnittlauch abbrausen, trocken tupfen, in Röllchen schneiden und den Spargel damit garnieren.

Spargelquiche mit Gruyère

FÜR DEN TEIG:

150 g Magerquark
6 EL Milch
6 EL Sonnenblumenöl
1 TL Salz
300 g Weizenmehl (Type 405)
1 Pck. Weinsteinbackpulver

FÜR DIE FÜLLUNG:

500 g Kartoffeln
Salz
200 g Gruyère, fein gerieben
3 Eier
400 g Schmand
Pfeffer, frisch geriebene
Muskatnuss
2 Bund grüner Spargel

AUSSERDEM:

1 eckige Auflaufform
Butter und Mehl für die Form

Für 1 eckige Auflaufform
Zubereitung: ca. 1½ Stunden
Kochzeit: ca. 15 Minuten
Backzeit: 30 Minuten

Für den Teig Quark mit Milch, Öl und Salz verrühren. Weizenmehl mit Weinsteinbackpulver vermischen und zur Quarkmasse geben. Alles zu einem Teig verkneten, in Klarsichtfolie wickeln und bis zur Weiterverarbeitung ruhen lassen.

Für die Füllung die Kartoffeln schälen, würfeln und in kochendem Salzwasser in ca. 15 Minuten weich garen. Währenddessen den Backofen auf 190°C Umluft (Ober-/Unterhitze 210°C) vorheizen, die Auflaufform fetten und mit Mehl auskleiden. Den Teig 5 mm dick ausrollen und die Form damit auslegen. Überstehende Ränder abschneiden.

Die gegarten Kartoffeln abgießen und zusammen mit dem Gruyère in einer Schüssel zerstampfen. Eier und Schmand zugeben und mit Salz, Pfeffer und etwas Muskat verrühren. Den Spargel putzen, die holzigen Enden abschneiden und auf dem Teig verteilen. Die Kartoffel-Käse-Mischung darübergeben. Die Quiche in ca. 30 Minuten im Ofen goldbraun backen; anschließend mindestens 10 Minuten abkühlen lassen.

Spargel mit Bärlauchhollandaise

2 kg weißer Spargel
250 g Butter
Salz
2 EL Zucker
Saft von 1 Zitrone, 1 Spritzer extra
1 Schalotte
1 Lorbeerblatt
4 Pfefferkörner
4 EL weißer Balsamico-Essig
3 Eigelb
1 Bund Bärlauch
1 Prise Cayennepfeffer

AUSSERDEM:
16 Scheiben Wacholderschinken

Ergibt 4 Portionen
Zubereitung: ca. 1 Stunde
Kochzeit (Sud): ca. 10 Minuten
Kochzeit (Spargel): ca. 12 Minuten

Spargel schälen und die holzigen Enden abschneiden. Wasser in einem Topf zum Kochen bringen und die Spargelschalen für ca. 10 Minuten darin leicht köcheln lassen. Herausnehmen und den Sud mit 50 g Butter, 2 Teelöffeln Salz, Zucker und Zitronensaft würzen. Den geschälten Spargel in den leicht köchelnden Sud geben und in ca. 12 Minuten garen.

In der Zwischenzeit die restliche Butter schmelzen. Die Schalotte schälen, grob hacken und zusammen mit Lorbeerblatt, Pfefferkörnern, 100 ml Wasser und dem Balsamico in einen anderen kleinen Topf geben. Aufkochen und bis auf ⅓ reduzieren. Etwas abkühlen lassen und durch ein Sieb gießen. Die Eigelbe zusammen mit der Reduktion in eine Metallschüssel geben. Diese über einen Topf mit leicht siedendem Wasser setzen. Die Eimischung mit einem Rührbesen zu einer dickflüssigen Creme schlagen. Vom Herd nehmen und unter Rühren die lauwarme Butter in einem dünnen Strahl hineingießen.

Den Bärlauch abbrausen, trocken tupfen und in Streifen schneiden. Mit der Hollandaise verrühren. Mit etwas Salz, Cayennepfeffer und 1 Spritzer Zitronensaft abschmecken. Den Spargel aus dem Sud nehmen und auf Teller verteilen. Mit Hollandaise und Wacholderschinken servieren.

Spinat

Spinat kann ab März direkt ins Beet gesät werden und ist schon nach relativ kurzer Zeit erntebereit. Schneidet man die Blätter am Ansatz ab, wachsen sie nach, sodass man später erneut ernten kann. Für die Herbsternte muss Spinat im August ausgesät werden. Die winterharten Sorten werden im Frühjahr geerntet.

Junger Frühlingsspinat schmeckt am besten roh im Salat. Doch auch blanchiert macht sich das Blattgemüse gut in Pasta, als Beilage oder als Füllung. Da Spinat Nitrat enthält, das in giftige Stoffe umgewandelt wird, sollte man ihn frisch verarbeiten und direkt verzehren. Blanchieren verringert die Dosis an Nitrat, das Kochwasser sollte man danach jedoch nicht weiterverwenden. Frisch ist Spinat maximal zwei Tage im Kühlschrank haltbar.

Spinat-Ricotta-Taschen

500 g frischer Spinat
1 Schalotte
1 Knoblauchzehe
1 EL Butter
Salz, Pfeffer, frisch geriebene Muskatnuss
150 g Ricotta
80 g Parmesan, gerieben
8 Blätter Strudelteig

AUSSERDEM:
80 g Butter zum Bepinseln
4 EL Semmelbrösel

Spinat waschen, trocken schleudern und die harten Stiele entfernen; dann beiseitestellen. Schalotte und Knoblauch schälen, fein würfeln und mit der Butter in einer Pfanne glasig schwitzen. Spinat zugeben und kurz mitbraten, bis er zusammenfällt. Mit etwas Salz, Pfeffer und Muskat würzen. Dann aus der Pfanne nehmen, abkühlen lassen und mit den Händen leicht ausdrücken.

Ricotta mit Parmesan in einer Schüssel verrühren, Spinat zugeben und gut vermengen. Den Backofen auf 180°C Umluft (Ober-/Unterhitze 200°C) vorheizen. Butter in einem kleinen Topf schmelzen. Die Strudelteigblätter ausbreiten, mit reichlich Butter bepinseln, mit Semmelbröseln bestreuen und je 2 Esslöffel von der Spinat-Ricotta-Füllung daraufgeben. Vorsichtig einrollen und die Enden zusammendrücken. Nochmals mit Butter bepinseln und für 20 Minuten in den Ofen geben. Goldbraun backen und noch warm servieren.

Ergibt 8 Taschen
Zubereitung: ca. 1 Stunde
Backzeit: 20 Minuten

Spinatstrudel mit Lachs

2 Schalotten
1 Knoblauchzehe
2 EL Butter
600 g frischer Spinat, geputzt
Salz, Pfeffer, frisch geriebene Muskatnuss
500 g Blätterteig (TK), aufgetaut
4 EL Semmelbrösel
700 g Lachs
4 EL Sweet-Chili-Sauce
1 Eigelb
2 EL Sahne

AUSSERDEM:
Mehl für die Arbeitsfläche

Ergibt 4 Portionen
Zubereitung: ca. 1 Stunde
Backzeit: 30 Minuten

Schalotten und Knoblauch schälen und würfeln. Butter in einer Pfanne aufschäumen lassen, Schalotten- und Knoblauchwürfel zugeben und kurz anschwitzen. Dann sofort den Spinat zufügen und kurz mitbraten, bis er zusammenfällt. Mit etwas Salz, Pfeffer und Muskat würzen. In ein Sieb geben und abtropfen lassen.

Den Backofen auf 200°C Umluft (Ober-/Unterhitze 220°C) vorheizen. Blätterteigplatten auf der bemehlten Arbeitsfläche knapp überlappend zu einem Rechteck von ca. 30 x 40 cm auslegen. Mit etwas Mehl bestäuben und mit der Teigrolle ein wenig dünner rollen. Die Semmelbrösel darauf verteilen, den Spinat mit den Händen nochmals kräftig ausdrücken und am rechten Rand des Teiges verteilen. Den Fisch zu einem rechteckigen Filet zurechtschneiden. Mit Salz und Pfeffer würzen und mit Sweet-Chili-Sauce bestreichen. Auf den Spinat legen. Den Blätterteig so umschlagen, dass ein geschlossenes Paket entsteht. Die beiden kurzen Kanten schließen und mit einer Gabel festdrücken.

Auf ein Backblech mit Backpapier geben. Eigelb mit Sahne verrühren und den Strudel damit bestreichen. Mit einem Messer rautenförmig einschneiden. Für 15 Minuten im Ofen backen, die Temperatur auf 180°C reduzieren und weitere 15 Minuten backen. Aus dem Ofen nehmen und in Stücke geschnitten servieren.

Tomaten

Tomaten stammen aus Südamerika und gehören zur Familie der Nachtschattengewächse. Das beliebte Gemüse ist in vielen verschiedenen Farben erhältlich. Erst ab Mai kann man vorgezogene Setzlinge ins Freie pflanzen, da Tomaten keinen Frost vertragen. Sie mögen viel Sonne und müssen regelmäßig gedüngt und gewässert werden. Das empfindliche Blattgrün sollte allerdings nicht mit Wasser in Berührung kommen.

Ob als Salat oder Suppe, in Saucen, Chutneys, als Füllung oder gegrillt – Tomaten eignen sich für die unterschiedlichsten Gerichte. Die grünen Teile der Pflanze sowie unreife Früchte sind giftig und sollten daher nicht verzehrt werden. Tomaten lagert man am besten bei Zimmertemperatur.

Geschichtete Tomaten mit Knusper

Den Backofen auf 200°C Umluft (Ober-/Unterhitze 220°C) vorheizen. Filoteigblätter auf der Arbeitsfläche auslegen. Butter in einem kleinen Topf schmelzen und den Teig damit bestreichen. Mit einem Messer jedes Blatt in drei Streifen schneiden. Diese dreimal zusammenfalten und auf ein Backblech mit Backpapier geben. Im Ofen in ca. 8 Minuten goldbraun backen. Herausnehmen und abkühlen lassen.

Die Tomaten waschen, vom Strunk befreien und wie den Büffelmozzarella in Scheiben schneiden. Abwechselnd mit dem knusprigen Filoteig aufeinanderschichten und mit Fleur de Sel und Pfeffer würzen. Mit Olivenöl beträufeln. Basilikum abbrausen, trocken tupfen und die Blättchen abzupfen. Über die Tomaten streuen und sofort servieren.

4 Filoteigblätter
70 g Butter
4 große grüne Tomaten
2 Kugeln Büffelmozzarella
Fleur de Sel, Pfeffer
8 EL hochwertiges Olivenöl
1 Bund rotes Basilikum

AUSSERDEM:
Backpapier

Ergibt 4 Portionen
Zubereitung: ca. 30 Minuten
Backzeit: 8 Minuten

Bunte Tomatenpizza mit Pesto

FÜR DEN TEIG:
300 g Weizenmehl (Type 405)
20 g Frischhefe
150 ml lauwarmes Wasser
3 EL Olivenöl
½ TL Salz

FÜR DEN BELAG:
4 große bunte Tomaten, z. B. Ochsenherztomaten
5 EL Basilikumpesto
2 große Mozzarellakugeln
grober Pfeffer
1 Bund frisches Basilikum

AUSSERDEM:
Mehl für die Arbeitsfläche

Ergibt 5 Pizzen
Zubereitung: ca. 45 Minuten
Gehzeit: 1 Stunde
Backzeit: 20 Minuten

Für den Teig das Mehl in eine Schüssel geben und mit den Händen eine Mulde formen. Hefe zerbröseln und mit 50 ml Wasser und etwas Mehl vom Rand verrühren. Mit Frischhaltefolie abgedeckt bei Zimmertemperatur 15 Minuten gehen lassen.

Den Backofen auf 200 °C Umluft (Ober-/Unterhitze 220 °C) vorheizen. Olivenöl, Salz und das restliche Wasser zugeben und alles zu einem geschmeidigen Teig verkneten. Abgedeckt nochmals ca. 45 Minuten gehen lassen. In dieser Zeit sollte der Teig sein Volumen verdoppeln. Anschließend in 5 Portionen teilen, jede Portion zu einer Kugel formen, kurz entspannen lassen und dann auf der bemehlten Arbeitsfläche dünn ausrollen.

Für den Belag die Tomaten putzen und in Scheiben schneiden. Die Pizzen damit belegen und auf einem Backblech mit Backpapier für 15 Minuten in den vorgeheizten Ofen geben. Herausnehmen und das Basilikumpesto sowie gezupften Mozzarella obenauf verteilen. Nochmals 5 Minuten backen. Mit Pfeffer würzen. Basilikum abbrausen, trocken tupfen und vor dem Servieren über die Pizzen streuen.

Nizza-Baguette mit Aioli

500 g Cocktailtomaten
4 EL Olivenöl
Fleur de Sel, Pfeffer
5 Stängel Thymian

2 Eigelb
1 gehäufter TL Senf
150 ml Olivenöl
2 Knoblauchzehen
Salz
3 EL Zitronensaft

100 g Bohnen
8 Wachteleier
2 kleine Römersalatköpfe
2 Dosen Thunfisch
10 Kapernäpfel

AUSSERDEM:
1 Baguette, halbiert
Backpapier

Ergibt 2 Baguettehäften
Zubereitung: ca. 1 Stunde
Trocknen: 5 Stunden

Den Backofen auf 80°C Ober-/Unterhitze (Umluft 60°C) vorheizen. Cocktailtomaten putzen, halbieren, auf ein Blech mit Backpapier geben, mit Olivenöl beträufeln und mit Fleur de Sel und Pfeffer würzen. Thymian abbrausen, trocken tupfen, die Blättchen abzupfen und über die Tomaten streuen. Das Blech für 5 Stunden in den Ofen geben. Dabei die Ofentür einen Spalt offen lassen, so trocknen die Tomaten besser.

Eigelbe und Senf in eine Schüssel geben. Mit dem Rührgerät verrühren und in einem dünnen Strahl das Olivenöl zugeben; währenddessen permanent weiterrühren. Die Knoblauchzehen schälen und sehr fein hacken. Mit etwas Salz, Pfeffer und dem Zitronensaft zur Mayonnaise geben und gut vermischen.

Die Bohnen in Salzwasser ca. 8 Minuten blanchieren. Herausnehmen und in Eiswasser abschrecken. In sehr feine Scheiben schneiden. Die Wachteleier 3 Minuten kochen, dann aus dem Topf nehmen, abschrecken und schälen. Römersalat putzen und in mundgerechte Stücke zupfen, den Thunfisch abgießen. Das Baguette reichlich mit der Aioli bestreichen, Salat und Thunfisch darauf verteilen. Die getrockneten Tomaten auflegen und mit den Bohnen bestreuen. Wachteleier halbieren und zusammen mit den Kapernäpfeln obenauf legen. Mit Fleur de Sel und Pfeffer würzen.

Dreierlei Bruschetta

Den Backofen auf 180°C Umluft (Ober-/Unterhitze 200°C) vorheizen. Das Baguette leicht schräg in 2 cm dicke Scheiben schneiden. Mit 2 Esslöffeln Olivenöl beträufeln, die Knoblauchzehe schälen, halbieren und die Baguettescheiben damit einreiben. Auf ein Blech geben und in 10–15 Minuten im Ofen goldbraun rösten.

Die Tomaten waschen, vierteln, von Strunk und Kerngehäuse befreien und in Würfel schneiden. Jede Sorte in eine Schüssel geben und kräftig mit Salz, Pfeffer und Zucker würzen. Die Tomaten 30 Minuten Wasser ziehen lassen, dann abgießen. Basilikum abbrausen, trocken tupfen, die Blättchen abzupfen und grob hacken. Zusammen mit dem restlichen Olivenöl unter die Tomaten mischen. Die Tomaten reichlich auf den gerösteten Baguettescheiben verteilen und sofort servieren.

1 kleines Baguette
8 EL hochwertiges Olivenöl
1 Knoblauchzehe
Jeweils 4 gelbe, schwarze und rote Tomaten
Salz, Pfeffer, Zucker
1 Bund Basilikum

Ergibt 4 Portionen
Zubereitung: ca. 40 Minuten
Backzeit: 10–15 Minuten

Meeresfrüchtesalat mit Tomatenvinaigrette

Die Moschuskraken putzen, unter kaltem Wasser abspülen und zusammen mit 1 Liter Wasser, Weißwein, Lorbeerblättern, Pfefferkörnern, zwei Knoblauchzehen und dem Thymian in einen Topf geben. Kräftig mit Salz würzen und ca. 1 Stunde leicht köcheln lassen.

Mit einem kleinen Messer die Strünke der Tomaten herausschneiden und diese auf der Unterseite leicht über Kreuz einritzen. In kochendem Wasser für 15–20 Sekunden blanchieren und sofort in Eiswasser abschrecken. Die Tomaten häuten, vierteln und entkernen. Das Fruchtfleisch würfeln und in eine große Schüssel geben. Schnittlauch abbrausen, trocken tupfen und in Röllchen schneiden. Zusammen mit 6 Esslöffeln Olivenöl, Zitronensaft und 100 ml Kochsud zu den Tomaten geben. Die Kraken aus dem Sud nehmen und klein schneiden. Ebenfalls in die Schüssel geben und alles gut vermischen.

Das Baguette in dünne Scheiben schneiden und mit dem restlichen Olivenöl und einer angedrückten Knoblauchzehe in einer heißen Pfanne rösten. Die marinierten Moschuskraken mit der Tomatenvinaigrette und den Baguettescheiben in tiefen Tellern anrichten. Mit Pfeffer bestreuen und servieren.

Tipp: Wer keine Moschuskraken mag, kann stattdessen gebratene Calamari für den Salat verwenden.

FÜR DEN SALAT:
20 Moschuskraken
½ l Weißwein
2 Lorbeerblätter
10 Pfefferkörner
3 Knoblauchzehen
1 kleines Bund Thymian
Salz

FÜR DIE VINAIGRETTE:
4 Tomaten
1 kleines Bund Schnittlauch
8 EL Olivenöl
Saft von 1 Zitrone
Etwas grober Pfeffer

AUSSERDEM:
1 kleines Baguette

Ergibt 4 Portionen
Zubereitung: ca. 1⅓ Stunden
Kochzeit: 1 Stunde

Weißkohl

Weißkohl, auch bekannt als Weißkraut, stammt aus dem Mittelmeerraum. Er hat im Herbst und Winter Saison, je nach Sorte gibt es ihn aber auch schon im Juni. Der Kohl ist recht unkompliziert anzubauen, benötigt allerdings viel Platz und ist erst sechs Monate nach Aussaat erntereif.

Die wohl bekannteste Form des Weißkohls ist Sauerkraut. Aber auch für Kohlrouladen und Eintöpfe ist er bestens geeignet. Schneidet man den Kohl vor dem Kochen möglichst klein, verringert dies die Kochzeit und hilft, die Nährstoffe zu erhalten. Die Beigabe von Kümmel macht ihn bekömmlicher. An einem kühlen und dunklen Ort gelagert, ist Weißkohl längere Zeit haltbar. Nach dem Anschneiden sollte er im Kühlschrank aufbewahrt werden.

Cole Slaw mit T-Bone-Steak

FÜR DAS COLE SLAW:
- 1 Kopf Weißkohl
- 3 Möhren
- 1 Zwiebel
- Salz
- 50 g Mayonnaise
- 100 g Sauerrahm
- Saft von 1 Zitrone
- Pfeffer, Cayennepfeffer

FÜR DIE STEAKS:
- 2 T-Bone-Steak (à 500 g)
- Salz, Pfeffer
- 5 EL Sonnenblumenöl
- 2 Knoblauchzehen
- 50 g Butter
- 1 Zweig Rosmarin
- Fleur de Sel

Für das Cole Slaw vom Weißkohl die äußeren Blätter entfernen. Den Kopf halbieren und den Strunk herausschneiden. Jede Hälfte nochmals vierteln und unter kaltem Wasser abspülen. Mit einem Hobel oder scharfen Messer den Weißkohl in feine Streifen schneiden. Möhren und Zwiebel schälen und ebenso fein in Streifen schneiden.

Den Backofen auf 180 °C Umluft (Ober-/Unterhitze 200 °C) vorheizen. Kohl- und Zwiebelstreifen in eine Schüssel geben und kräftig salzen. Mit den Händen einige Minuten durchkneten, dann die Möhren zufügen. Mayonnaise und Sauerrahm verrühren und mit Zitronensaft, Pfeffer und Cayennepfeffer abschmecken. In die Schüssel geben und alles gut vermischen.

Für die Steaks das Fleisch mit Salz und Pfeffer würzen. Das Öl in eine heiße Pfanne geben, die Steaks von beiden Seiten je 2 Minuten scharf anbraten. Knoblauchzehen andrücken und zugeben. Das Fleisch auf ein Backblech legen. Für 12–15 Minuten im Ofen garen. Währenddessen die Butter in der Pfanne aufschäumen lassen, den Rosmarinzweig zugeben und die Steaks nach Ende der Garzeit mit der Butter begießen. Für 5 Minuten ruhen lassen. Das Fleisch vom Knochen schneiden und in Tranchen teilen. Mit Fleur de Sel und Pfeffer würzen und zusammen mit dem Cole Slaw anrichten.

Ergibt 4 Portionen
Zubereitung: ca. 1 Stunde
Garzeit: 12–15 Minuten

Asia-Krautwickel

1 Kopf Weißkohl
Salz
1 Brötchen vom Vortag
600 g gemischtes Hackfleisch
2 Eier
40 g Ingwer
2 Knoblauchzehen
1 Bund Frühlingszwiebeln
Je 1 rote und grüne Chilischote
Pfeffer
3 EL Sonnenblumenöl
200 ml Gemüsebrühe
6 EL Sweet-Chili-Sauce

AUSSERDEM:
Faden zum Binden
Bräter

Ergibt 8–10 Krautwickel
Zubereitung: ca. 1½ Stunden
Kochzeit: 10 Minuten
Schmorzeit: 40 Minuten

Vom Weißkohl die äußeren Blätter entfernen. Den Strunk tief herausschneiden und den Kopf 10 Minuten in kochendem Salzwasser blanchieren. Dann in Eiswasser kalt abschrecken. Die Blätter einzeln abnehmen und abtropfen lassen; man benötigt ca. 8–10 große Blätter. Die übrigen Kohlblätter beiseitelegen.

Den Backofen auf 170 °C Umluft (Ober-/Unterhitze 190 °C) vorheizen. Das Brötchen für 5 Minuten in Wasser einweichen, dann ausdrücken und in eine Schüssel geben. Hackfleisch und Eier zufügen. Ingwer und Knoblauch schälen, beides fein hacken. Frühlingszwiebeln putzen und in feine Ringe schneiden. Rote und grüne Chilischote waschen, halbieren, entkernen und fein scheiden. Alles zum Fleisch geben, kräftig mit Salz und Pfeffer würzen und verrühren.

Jeweils 2–3 Esslöffel der Hackfleischmasse auf die großen Kohlblätter geben. Die Seiten überschlagen und eng einrollen. Mit einem Faden zu einem Paket binden. Die Krautwickel in einer Pfanne mit dem Sonnenblumenöl von allen Seiten scharf anbraten und Farbe nehmen lassen. Die übrigen Blätter in feine Streifen schneiden und ebenso in der Pfanne anbraten. Krautwickel und -streifen in einen Bräter geben. Gemüsebrühe angießen und mit der Sweet-Chili-Sauce verrühren. Für 40 Minuten schmoren.

Zucchini

Zucchini sind Kletterpflanzen und eng mit dem Kürbis verwandt. Sie brauchen viel Platz, sofern man sie nicht gelegentlich zurückschneidet. Zucchini sind unkompliziert im Anbau, benötigen aber viel Wasser und eine regelmäßige Düngung. Die Aussaat erfolgt bis Ende Mai, geerntet wird von Juni bis Oktober. Am besten schmecken die kleinen, jungen Zucchini. Nach der Ernte bilden sich erneut Blüten, sodass man mehrfach ernten kann.

Zucchini eignen sich besonders gut für mediterrane Gerichte. Man kann sie roh, frittiert, gebacken oder gebraten verzehren, und auch ihre Blüten sind ein Genuss. Im Kühlschrank sind Zucchini ein bis zwei Wochen haltbar.

Zucchiniröllchen mit Ziegenkäse

Je 2 kleine gelbe und grüne Zucchini
10 EL Olivenöl
1 Zweig Rosmarin
Salz, Pfeffer
300 g Ziegenfrischkäse
100 g Crème fraîche
3 Tomaten
1 Schalotte
3 EL Sherryessig
2 TL Honig

Ergibt 16–20 Röllchen
Zubereitung: ca. 1 Stunde

Die Zucchini putzen und mit einer Aufschnittmaschine längs in ca. 3–4 mm dünne Streifen schneiden. Eine Grillpfanne erhitzen und die Zucchinistreifen mit 5 Esslöffeln Olivenöl von beiden Seiten je 1 Minute scharf anbraten. Rosmarinzweig abbrausen, trocken tupfen, die Nadeln abzupfen und zugeben. Pfanne vom Herd nehmen und die Zucchinistreifen noch kurz ziehen lassen. Mit etwas Salz und Pfeffer würzen.

In einer Schüssel den Ziegenfrischkäse mit der Crème fraîche verrühren und in einen Spritzbeutel füllen. Jeweils zwei Zucchinistreifen überlappend nebeneinanderlegen. Etwas von der Ziegenkäsecreme aufspritzen und vorsichtig einrollen.

Mit einem kleinen Messer die Strünke der Tomaten herausschneiden und diese auf der Unterseite über Kreuz leicht einritzen. In kochendem Wasser für 15–20 Sekunden blanchieren und sofort in Eiswasser abschrecken. Die Tomaten häuten, vierteln und entkernen. Das Fruchtfleisch in Würfel schneiden und in eine kleine Schüssel geben. Die Schalotte schälen, fein würfeln und zusammen mit Sherryessig, dem restlichen Olivenöl und Honig zu den Tomaten geben. Mit Salz und Pfeffer abschmecken. Die Ziegenkäseröllchen auf einer Platte anrichten und mit der Tomatenvinaigrette beträufeln.

Gefüllte Zucchiniblüten

1 kleine Zucchini
2 EL Olivenöl
Salz, Pfeffer
60 g Pinienkerne
250 g Ricotta
2 Eier
1 Knoblauchzehe
80 g Parmesan
½ TL Chiliflocken
8 Zucchiniblüten mit kleiner Zucchini

1 Eiweiß
¼ TL Backpulver
60 g Weizenmehl (Type 405)
50 g Speisestärke
1 TL Salz
150 ml eiskaltes Wasser

AUSSERDEM:
1 l Sonnenblumenöl zum Frittieren

Ergibt 8 gefüllte Zucchiniblüten
Zubereitung: ca. 45 Minuten

Die Zucchini putzen, fein würfeln und mit dem Olivenöl in einer Pfanne 2 Minuten scharf anbraten. Mit Salz und Pfeffer würzen und in eine Schüssel geben. Die Pfanne reinigen und darin die Pinienkerne rösten. Anschließend grob hacken und zusammen mit dem Ricotta zu den Zucchiniwürfeln geben. Die Eier aufschlagen, den Knoblauch schälen und sehr fein hacken. Beides unter die Ricottamischung rühren. Parmesan reiben und zusammen mit den Chiliflocken ebenfalls untermischen.

Die Zucchiniblüten vorsichtig öffnen. Den Blütenstempel entfernen und die Blüten kurz auswaschen. Dann mit der Ricottamischung füllen; dazu am besten einen Spritzbeutel verwenden. Die Blüten vorsichtig an die Füllung andrücken, sodass sie wieder verschlossen sind.

Das Sonnenblumenöl in einem großen Topf auf 180 °C erhitzen. Das Eiweiß leicht anschlagen. Backpulver mit Mehl, Stärke und Salz mischen. Das Wasser zum Eiweiß geben, Mehl-Mischung zufügen und kurz miteinander verrühren. Die Zucchiniblüten vorsichtig im Teig wenden und maximal zwei auf einmal frittieren. Sobald der Teig goldbraun ist, die Blüten wieder aus dem Fett nehmen und auf einem Küchenpapier abtropfen lassen.

Tipp: Wer die Zucchiniblüten nicht frittiert mag, kann sie bei wenig Hitze für 12–15 Minuten dünsten.

Zwiebeln

Zwiebeln, die schon im alten Ägypten bekannt waren, werden seit langer Zeit als Gewürz- und Heilpflanze geschätzt. Die Aussaat erfolgt zumeist im März, Erntezeit ist im frühen Herbst. Wintersorten werden im August ausgesät. Pflanzt man Steckzwiebeln, kann man bereits im Sommer ernten. Zwiebeln mögen es sonnig, aber nicht zu feucht.

Für jedes Gericht gibt es die passende Zwiebelsorte. Die verschiedenen Arten unterscheiden sich im Schärfegrad und in ihrer Süße. Das beliebte Gemüse ist aus unzähligen Gerichten wie Suppen, Saucen, Salaten oder Zwiebelkuchen nicht wegzudenken. Zwiebeln sollte man dunkel, kühl und trocken lagern, am besten im Keller oder Vorratsschrank. Je nach Sorte halten sie sich einige Wochen bis mehrere Monate.

onion
$3/lb.
50
5 For

Perlzwiebel-Focaccia

FÜR DIE FOCACCIA:
500 g Weizenmehl (Type 405)
20 g Frischhefe
250 ml lauwarmes Wasser
6 EL Olivenöl
1 TL Salz

FÜR DEN BELAG:
500 g Perlzwiebeln
1 EL Butter
200 ml Portwein
2 EL Zucker
Salz, Pfeffer
1 Lorbeerblatt
8 EL Balsamico-Essig

AUSSERDEM:
1 Springform (Ø 20 cm)
Öl zum Bepinseln

Ergibt 1 Springform (Ø 20 cm)
Zubereitung: ca. 1½ Stunden
Gehzeit: ca. 55 Minuten
Backzeit: 30 Minuten

Für die Focaccia das Mehl in eine Schüssel geben und mit den Händen eine Mulde formen. Hefe in 100 ml Wasser auflösen und in die Mulde geben. Mit etwas Mehl vom Rand zu einem Vorteig verrühren. Abdecken und für 15 Minuten an einem warmen Ort gehen lassen. Danach das restliche Wasser sowie 4 Esslöffel Olivenöl und Salz zufügen. Für mehrere Minuten zu einem geschmeidigen Teig kneten und zurück in die Schüssel geben. Nochmals ca. 40 Minuten gehen lassen; in dieser Zeit sollte sich das Volumen verdoppeln.

Den Backofen auf 180°C Umluft (Ober-/Unterhitze 200°C) vorheizen. Für den Belag die Perlzwiebeln schälen. Butter in einem Topf schmelzen, Perlzwiebeln zugeben und 5 Minuten anschwitzen. Mit Portwein ablöschen und mit Zucker, Salz und Pfeffer würzen. Lorbeerblatt und Balsamico zugeben, für 10 Minuten leicht köcheln und reduzieren lassen.

Die Perlzwiebeln in die Backform geben, einige Esslöffel vom Sud zufügen, den Rest beiseitestellen. Die Ränder der Backform mit Öl bepinseln. Den gegangenen Teig in die Form legen und leicht andrücken. Mit dem übrigen Olivenöl bestreichen. Für 30 Minuten im Ofen backen. Anschließend die Perlzwiebel-Focaccia aus der Form stürzen und etwas abkühlen lassen. Währenddessen den restlichen Sud sämig einkochen und dazu servieren.

Gefüllte Zwiebeln

4 große Zwiebeln
1 l Gemüsebrühe
5 EL Olivenöl
2 Brötchen vom Vortag
6 getrocknete Tomatenfilets
8 Scheiben Schwarzwälder Schinken
1 kleines Bund Thymian
Salz, Pfeffer
50 g Parmesan

AUSSERDEM:
1 Auflaufform

Zwiebeln schälen und Strünke sowie Deckel abschneiden, sodass sie später gut in der Auflaufform stehen. Mit einem Löffel vorsichtig das Innere aushöhlen. Gemüsebrühe zum Kochen bringen und die Zwiebeln darin 5 Minuten blanchieren. Herausnehmen und in eine Auflaufform setzen, die Brühe aufbewahren.

Eine Pfanne erhitzen. Das Innere der Zwiebeln klein hacken und mit 2 Esslöffeln Olivenöl 5 Minuten anschwitzen; wieder aus der Pfanne nehmen. Brötchen und getrocknete Tomaten in kleine Würfel schneiden und mit dem restlichem Olivenöl in die Pfanne geben. Unter Schwenken 8–10 Minuten anrösten.

Den Backofen auf 170°C Umluft (Ober-/Unterhitze 190°C) vorheizen. Währenddessen den Schwarzwälder Schinken klein schneiden. Thymian abbrausen, trocken tupfen und die Blättchen von den Stängeln zupfen. Beides in die Pfanne geben und kurz mit anschwitzen. Das Zwiebelinnere ebenfalls wieder zugeben und alles mit Salz und Pfeffer würzen. Die Mischung in die Zwiebeln füllen, Parmesan fein reiben und obenauf streuen. 200 ml der Gemüsebrühe angießen und die Zwiebeln für 40 Minuten im Ofen schmoren.

Ergibt 4 Portionen
Zubereitung: 1 Stunde
Backzeit: 40 Minuten

Zwiebelpasta

4 Zwiebeln
100 g Weizenmehl (Type 405)
300 ml Olivenöl
Salz
3 TL Kapern
5 Sardellen
1 kleines Bund Thymian
500 g Spaghetti
6 EL hochwertiges Olivenöl
Fleur de Sel, Pfeffer
60 g Parmesan, fein gerieben

Die Zwiebeln schälen, halbieren und in halbe Ringe schneiden. Im Mehl wenden, überschüssiges Mehl von den Zwiebelringen entfernen. Olivenöl in einer Pfanne erhitzen. Portionsweise die Zwiebeln im 170 °C heißen Öl goldbraun und knusprig frittieren. Auf etwas Küchenpapier abtropfen lassen und sofort salzen.

Kapern und Sardellen klein hacken. Thymian abbrausen, trocken tupfen und die Blättchen von den Stängeln zupfen. Zwiebelringe grob durchhacken und alles vermischen. Die Spaghetti in reichlich Salzwasser al dente kochen. Abgießen und dabei ca. 150 ml des Kochwassers auffangen. Dieses zusammen mit dem Olivenöl und den Spaghetti zurück in den Topf geben und alles gut vermengen. Die Nudeln auf Teller verteilen und die Zwiebelmischung darübergeben. Mit etwas Fleur de Sel und Pfeffer würzen. Dazu den geriebenen Parmesan servieren.

Ergibt 4 Portionen
Zubereitung: ca. 40 Minuten

Register

Über den Fotografen:
Oliver Brachat (BFF), 1967 geboren, gelernter Koch und Patissier. Seit 1997 selbstständiger Foodstylist, seit 2008 Still-Life-Fotograf mit Schwerpunkt »Food« im eigenen Studio in Düsseldorf. Arbeitet für renommierte Magazine und in der Werbung für viele Agenturen und Firmen. Er fotografierte zahlreiche Kochbücher im In- und Ausland. Zuletzt im Hölker Verlag erschienen: *Brot genießen, Unsere Weihnachtsbäckerei* und *Sonne im Glas*.
www.oliverbrachat.com

Über den Autor:
Tobias Rauschenberger, 1983 geboren, ist Koch mit internationaler Berufserfahrung, leidenschaftlicher Foodstylist und Kochbuchautor. Er lebt und arbeitet in Düsseldorf.
www.tobiasrauschenberger.com

Ein herzliches Dankeschön für die gute Zusammenarbeit und die tollen Lebensmittel an:
Biolandbauernfamilie Thees (Johannes, Christiane, Daniel, Eva) in Willich
Naturlandhof Schmidt-Etzold in Kevelaer
Obst und Gemüse Schier in Düsseldorf

5 4 3 2 1 17 16 15 14 13
ISBN 978-3-88117-883-9

Fotografie: Oliver Brachat
Rezeptentwicklung und Küche: Tobias Rauschenberger
Styling und Requisite: Oliver Brachat
Fotoassistenz, Styling und Organisation: Steffi Neff
Weitere Mitarbeiter: Martin Gentschow
Redaktion: Christin Geweke
Gestaltung und Satz: Wilhelm Schäfer, typocepta, Köln

Printed in Slovakia

www.hoelker-verlag.de